18'00 €

eBook gratuito en COLEX Online
El compliance y su diseño.
Paso a paso

⊛ Acceda a la página web de la editorial **www.colex.es**

⊛ Identifíquese con su usuario y contraseña. En caso de no disponer de una cuenta regístrese.

⊛ Acceda en el menú de usuario a la pestaña "Mis códigos" e introduzca el que aparece a continuación:

RASCAR PARA VISUALIZAR EL CÓDIGO

⊛ Una vez se valide el código, aparecerá una ventana de confirmación y su eBook estará disponible en la pestaña "Mis libros" en el menú de usuario

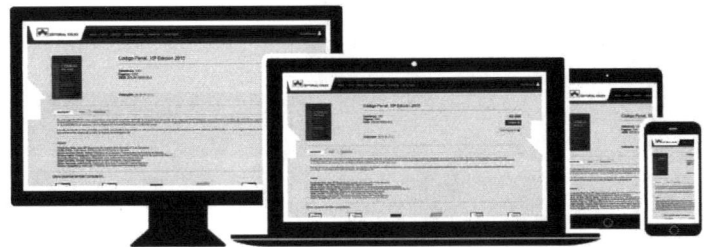

¡Gracias por confiar en Colex!

La obra que acaba de adquirir incluye de forma gratuita la versión electrónica. Acceda a nuestra página web para aprovechar todas las funcionalidades de las que dispone en nuestro lector.

Funcionalidades eBook

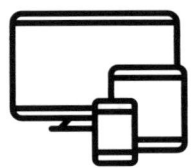

Acceso desde cualquier dispositivo

Idéntica visualización a la edición de papel

Navegación intuitiva

Tamaño del texto adaptable

Puede descargar la APP "Editorial Colex" para acceder a sus libros y a todos los códigos básicos actualizados.

Síguenos en: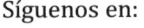

EL COMPLIANCE Y SU DISEÑO

EL COMPLIANCE Y SU DISEÑO

El *compliance*: concepto, finalidad y diseño

EDICIÓN 2024

Obra realizada por el Departamento de Documentación de Iberley

COLEX 2024

© Editorial Colex, S.L.
Calle Costa Rica, número 5, 3.º B (local comercial)
A Coruña, 15004, A Coruña (Galicia)
info@colex.es
www.colex.es

I.S.B.N.: 978-84-1194-277-5
Depósito legal: C 126-2024

SUMARIO

ANEXO. FORMULARIOS

1.
¿QUÉ ES EL *COMPLIANCE*?

El *compliance* puede traducirse como «cumplimiento normativo» y es el término empleado para referirse a los **sistemas de detección de infracciones en las empresas.** El objetivo del *compliance* es **controlar que la empresa cumple con la legislación vigente,** a través de la adopción de las medidas necesarias para evitar que la compañía pueda incurrir en delitos, sanciones u otras situaciones que puedan repercutir en su reputación.

El *compliance* tiene su origen en el mundo anglosajón cuando el presidente Carter en 1977 firmó la «Foreing Corrupt Practices Acts» (FCPA) con la finalidad de acabar con los pagos y sobornos a funcionarios para recuperar la confianza con el sistema de negocios de los EE.UU. Como consecuencia de este acto nació, en 1985, el «Committee of Sponsoring Organizations of the Treadway Commission» (COSO) cuyo objetivo era el de ser un referente como foro de profesionales centrado en la elaboración de marcos de actuación y proporcionar orientación sobre la gestión empresarial.

En España la reforma del Código Penal llevada a cabo por la Ley Orgánica 5/2010, de 22 de junio, introdujo la **responsabilidad penal de las personas jurídicas.** Para la fijación de esta responsabilidad se optó por establecer una doble vía:

- Imputación de aquellos delitos **cometidos en su nombre o por su cuenta,** y en su provecho por las personas que tienen poder de representación en las mismas.
- Responsabilidad por aquellas infracciones propiciadas por **no haber ejercido la persona jurídica el debido control** sobre sus empleados, naturalmente con la imprescindible consideración de las circunstancias del caso concreto a efectos de evitar una lectura meramente objetiva de esta regla de imputación.

Con la previsión de esta responsabilidad se hace necesario para la empresa adoptar las medidas necesarias para evitar el nacimiento de la misma. Especialmente teniendo en cuenta que con la reforma del Código Penal efectuada por la Ley Orgánica 1/2015, de 30 de marzo, de tal forma que después de la misma el apartado 2 del art. 31 bis del CP recoge la exención de responsabilidad si la empresa cuenta con modelos de organización y gestión que incluyan medidas de vigilancia y control idóneas para prevenir delitos.

RESOLUCIÓN RELEVANTE

Sentencia de la Audiencia Nacional n.º 13/2020, de 29 de septiembre, ECLI:ES:AN:2020:2347

«En definitiva, la falta de debido control o el defecto de organización es el núcleo de la tipicidad penal de la persona jurídica, constituyendo el requisito sin el cual no puede existir tal responsabilidad de la empresa, con independencia de cual fuere el cargo de la persona física en la organización que cometa el delito, al no admitirse la responsabilidad objetiva (S.T.S. 221/2016, de 16 de marzo)

Y profundizando en el cuarto requisito que habíamos adelantado, decir que la probanza de este " defecto de organización" recae en las Acusaciones, por elemental aplicación del principio acusatorio, pues como con toda claridad resalta el Tribunal Supremo en la sentencia a la que nos estamos refiriendo "el análisis de la responsabilidad social de la persona jurídica, manifestada en la no existencia de instrumentos adecuados y eficaces de prevención del delito, es esencial para concluir en su condena y, por ende, si la acusación está lógicamente obligada, para sentar los requisitos fácticos necesarios en orden a calificar a la persona jurídica responsable a afirmar la inexistencia detales controles, no tendría sentido dispensarla de la acreditación de semejante extremo esencial para la prosperabilidad de su pretensión".

Sigue diciendo la indicada sentencia que cualquier pronunciamiento condenatorio de las personas jurídicas deberá ser respetuoso con los principios irrenunciables que informan el derecho penal, como indica la S.T.S. nº 514/15, de 2 de septiembre, por lo que los derechos y garantías constitucionales, como la tutela judicial efectiva, la presunción de inocencia, el derecho a un proceso con todas las garantías y al Juez predeterminado por la ley, etc., amparan también a la persona jurídica, en igual medida que lo hacen en el caso de las personas físicas cuyas conductas son objeto del mismo procedimiento penal, y por ello pueden ser alegados por aquellas como tales y denunciar las posibles vulneraciones».

Dentro de la figura del *compliance* podemos **distinguir** los modelos genéricos y los modelos específicos:

- El **modelo genérico** es aquel que se apoya en el marco de la norma ISO 19600 la cual ha sido publicada como una guía de referencia internacional para dotar a las empresas de un sistema eficaz de gestión de *compliance* y con ello minimizar los riesgos de incumplimiento legal.

- Los **modelos específicos** son aquellos que abordan un área de actuación concreta de la empresa, a modo de ejemplo podemos referirnos:

  - *Compliance* **penal**: es el programa destinado a garantizar el cumplimiento de las normas penales y con ello evitar la responsabilidad penal de la persona jurídica. En este caso se incluye en la previsión medidas para evitar delitos fiscales, delitos contra los derechos de los trabajadores, delitos contra la propiedad intelectual, etc.

  - *Compliance* **medioambiental**: se destina a la prevención de delitos medioambientales, aunque su función puede ser más amplia y superar el mero cumplimiento normativo, pudiendo ser una herramienta útil para alcanzar los compromisos climáticos.

  - *Compliance* **de prevención de riesgos laborales**: su finalidad es la de adoptar las medidas necesarias para el cumplimiento de la normativa en materia de prevención de riesgos laborales y evitar con ello la imposición de sanciones o, incluso, la posible existencia de delitos contra los derechos de los trabajadores.

- *Compliance* **anticorrupción**: el objeto, en este caso, es evitar las posibles situaciones de blanqueo de capitales, corrupción en los negocios...
- *Compliance* **tributario**: se refiere al conjunto de acciones destinadas a garantizar el cumplimiento de las obligaciones fiscales de acuerdo a la normativa tributaria aplicable.

1.1. La función de *compliance*

Podemos definir la función de *compliance* como la figura de referencia para la implementación y funcionamiento del sistema o programa de *compliance* en la empresa. Esta actividad se desarrolla con el apoyo del órgano de gobierno y de la dirección.

Las tareas de las que está encargada esta figura son las de prevención, detección y gestión de riesgos, las cuales desarrolla por medio de los programas de *compliance*, contribuyendo de esta forma a promover y desarrollar una cultura de cumplimiento. Esta función interna puede desarrollarse tanto en organizaciones públicas como privadas, con o sin ánimo de lucro; pudiendo ser el órgano encargado unipersonal o colegiado.

> **A TENER EN CUENTA.** Cuando la función *compliance* se establece como órgano colegiado debe identificarse a la persona que lo represente en calidad de responsable *compliance* y/o su máximo representante.

Estamos ante una función interna de la organización, pero ello no impide que pueda recurrir al asesoramiento externo o incluso externalizar algunas de las obligaciones que se hayan establecido o deriven de la propia ejecución del programa de *compliance*. En cualquier caso, la responsabilidad última de supervisión de la correcta ejecución del programa le corresponde al órgano de administración de la organización o, en su caso, a las comisiones delegadas que tenga atribuciones para ello.

La función de *compliance* estará dotada de los siguientes caracteres:

- **Autonomía** de tal forma que pueda desarrollar sus cometidos esenciales sin necesidad de que se le señalen mandatos específicos para ello. Para que la función de *compliance* pueda desarrollar sus tareas sin necesidad de órdenes específicas el órgano de administración la dotará de la autoridad y legitimidad suficientes para que pueda acceder a la información y documentos que le resulten necesarios. Así mismo, deberá asignarle recursos, materiales y humanos, suficientes para el cumplimiento de sus obligaciones.

– **Independencia** de modo que su juicio y modo de actuar no estén condicionados, pudiendo desarrollar sus labores esenciales libremente sin temor a represalias. Como garantías de esa independencia podemos señalar:

• El cese del máximo representante deberá fundamentarse por escrito expresando de manera concreta y razonada lo motivos por lo que se toma esa decisión.

• La valoración del desempeño de sus obligaciones no puede condicionarse a la opinión de áreas de la organización que se hayan visto afectadas por sus actuaciones.

• La retribución no podrá condicionarse a objetivos comerciales ni a resultados económicos de la organización, sino que la misma será acorde a la relevancia de sus cometidos.

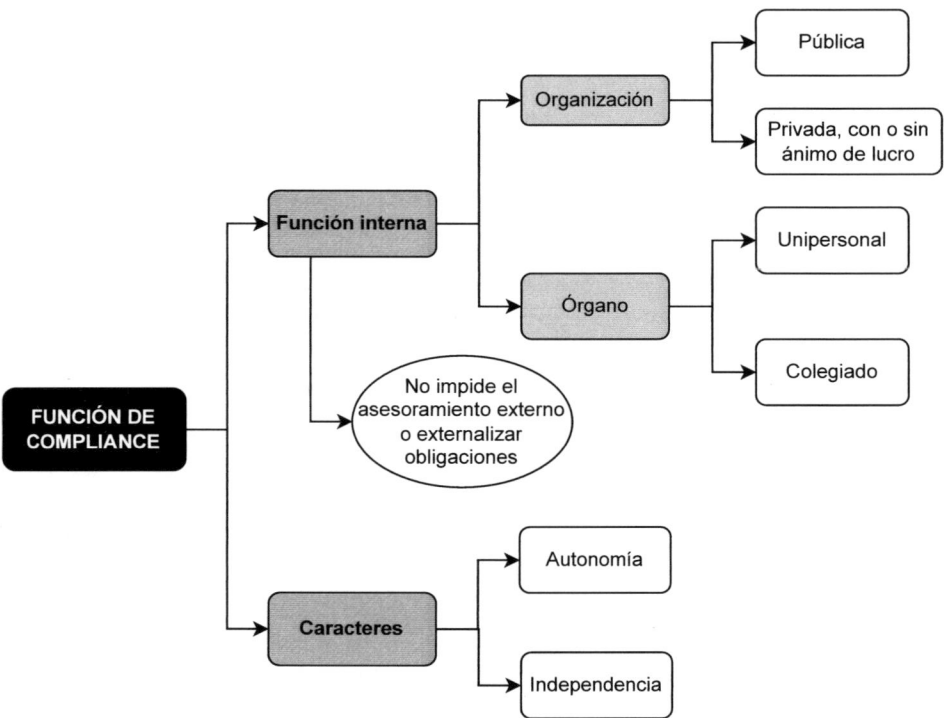

Algunos de los cometidos más destacables de la función de *compliance* tienen que ver con las siguientes materias:

– **Obligaciones de *compliance*:**

• **Identificarlas.** Constituye una responsabilidad del órgano de administración la identificación de las obligaciones de *compliance*.

• **Actualizarlas.** La función de *compliance* deberá encargarse de que los miembros de la organización tengan un conocimiento actualizado de las obligaciones.

- **Difundirlas.** Deberá facilitarse el acceso a las normas o documentos de los que deriven las responsabilidades.

- **Asignar las responsabilidades.** Todo el personal debe conocer los deberes que se le imponen con relación al cumplimiento de las obligaciones.

- **Integrarlas a los procesos de negocio.**

– Riesgos de *compliance*:

  - **Identificar los riesgos.** Esto supone conocer los riesgos que supone el incumplimiento de las obligaciones los cuales pueden ser tanto de naturaleza penal, económica o reputacional. Así mismo debe valorarse la probabilidad de que esos riesgos lleguen a producirse.

  - **Valoración de los riesgos.** Deberán clasificarse según su relevancia teniendo en cuenta el nivel de amenaza que pueden suponer.

  - **Identificar y valorar los controles.** Se trata de precisar las políticas, procedimientos y controles de los que la empresa dispone para prevenir, detectar y gestionar los riesgos, debiendo proponer la incorporación de aquellos otros que se entiendan necesarios para el cumplimiento del programa de *compliance.*

  - **Formación y concienciación.** Utilización de recursos para realizar ciclos formativos y de concienciación sobre las materias de *compliance*. Dentro de esta tarea se incluye la de facilitar el acceso por parte del personal y de los terceros vinculados a la organización al código ético, código de conducta o norma equivalente.

  - **Asesoramiento y reporte.** Debe realizarse un asesoramiento ordinario tanto al personal como al órgano de administración o sus comisiones delegadas y a la alta dirección. Así mismo, deben efectuarse reportes de forma periódica en los que se recojan los aspectos relacionados con la ejecución del programa de *compliance*, estos reportes pueden consistir en: reportes operativos, memorias anuales o eventuales comunicaciones urgentes.

  - **Canal de denuncias.** Los canales de denuncias deberán ser internos y han de ser fácilmente accesibles, conocidos y confidenciales, garantizando en todo caso los derechos de los titulares de los datos tratados y la no adopción de represalias frente a comunicaciones que se realicen de buena fe.

  - **Mantenimiento de documentación.** Registros adecuados del modelo de *compliance* y de su ejecución, además del cuidado de que solo tengan acceso a la misma las personas que estén legitimadas para las cuales el acceso debe ser inmediato.

  - **Monitorización.** Verificación periódica de que los elementos de *compliance* funcionan adecuadamente para adaptarlo a las circunstancias internas y externas.

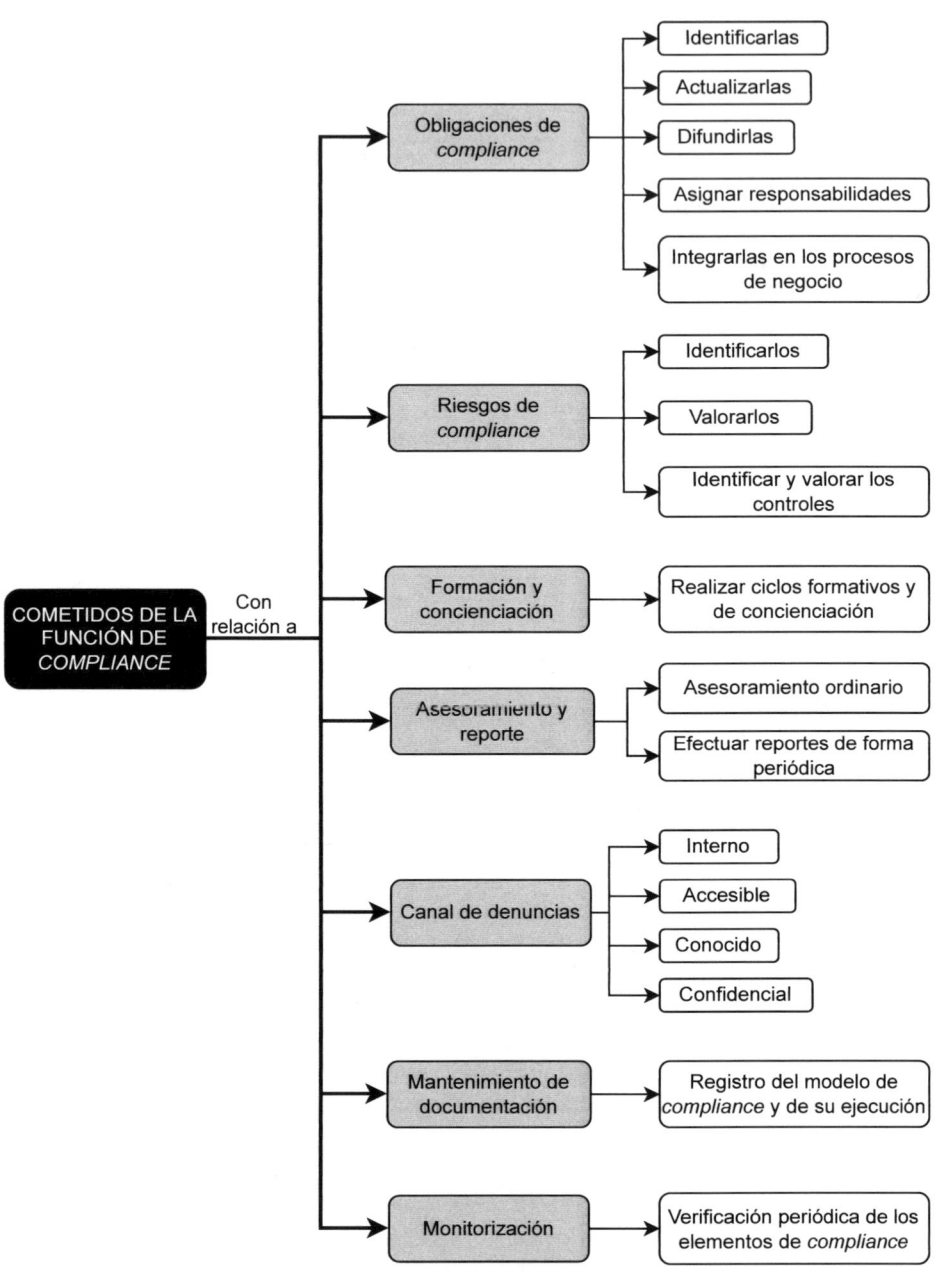

Para una auténtica efectividad de la función de *compliance* es necesario que éste se integre con otros departamentos de la empresa siendo vital la **labor de la alta dirección** la cual debe asumir una serie de funciones:

– Fijar procedimientos y políticas internas con el fin de garantizar el cumplimiento normativo.

- Implantar canales de comunicación e instaurarlos en todos los departamentos, en especial a aquellos que puedan ser más sensibles al incumplimiento normativo como pueden ser los departamentos financieros o de recursos humanos.
- Asegurar que los procedimientos se cumplan debidamente.
- Establecer mecanismos que se activen en el caso de que surja alguna incidencia.

Para dar respuesta a la necesidad de cumplimiento normativo en la empresa nace la figura del *chief compliance officer o compliance officer*:

- *Chief compliance officer*: se refiere al encargado del departamento de compliance cuando éste se configura como un órgano colegiado.
- *Compliance officer*: es la persona encargada del compliance de una empresa cuando la función recae sobre un único individuo.

El perfil del *compliance officer* es eminentemente jurídico al ser su función principal asegurar que en la empresa se cumple la normativa vigente, pero también debe tener un conocimiento multidisplicinar. Derivado de las funciones que tiene atribuidas el *compliance officer* debe poseer las siguientes **aptitudes**:

- **Capacidad para relacionarse.** Debiendo poder relacionarse tanto con la alta dirección como con el resto de departamentos de la empresa, estos últimos serán los que le permitan obtener información sobre el cumplimiento normativo. Además, debe estar capacitado para asesorar, formar, realizar recomendaciones y supervisar al resto de personal tanto interno como externo de la empresa.
- **Proporcionalidad y equilibrio.** La inexistencia de riesgo cero obliga a tener sentido de la proporcionalidad y equilibrio que permita fijar las «líneas rojas» que no deben ser sobrepasadas y que le faculten para buscar soluciones alternativas cuando se produzca inconvenientes insalvables para ejecutar una actuación determinada.
- **Integridad y firmeza.** En el ejercicio de esta función es esencial que la persona sea honesta debiendo excluirse a aquellas personas que hayan cometido un delito o participado en malas prácticas. También se requiere una persona firme para comunicar las decisiones y en algunos casos malas noticias. Por otro lado, en este conjunto de aptitudes, derivado de la sensibilidad de determinadas informaciones que puede manejar el *compliance officer,* debemos incluir la discreción.
- **Sentido común.** Podemos decir que esta aptitud supone el resumen de todas las anteriores. El *compliance officer* no debe ser un experto en todas las materias que son objeto de supervisión, pero debe ser capaz de adoptar decisiones en cuestiones complejas para lo que resulta fundamental el sentido común.

1.2. El principio de proporcionalidad

El principio de proporcionalidad es un factor determinante para establecer la adecuada aplicación de los programas de *compliance.* Esta figura permite ajustar los estándares internacionales a las concretas condiciones de cada empresa, teniendo en cuenta tanto factores internos, como externos.

Con la introducción de la responsabilidad penal de las personas jurídicas en el ordenamiento jurídico, han nacido múltiples incertidumbres sobre la gestión de los programas *compliance* para poder evitar la responsabilidad penal. Una de las grandes incertidumbres en este ámbito es la delimitación del principio de proporcionalidad que se establece en el Código Penal y en la Circular de la Fiscalía General del Estado 1/2016, de 22 de enero. Estos textos no definen unos criterios claros para poder determinar el nivel de proporcionalidad que es adecuado en el momento de diseñar e implementar el sistema de *compliance*.

El principio de proporcionalidad permite adaptar el programa de *compliance* a todas las organizaciones, no limitándose esta figura solo a las empresas de gran tamaño. Los estándares internacionales recogen la posibilidad de ajustar sus principios y requisitos a las concretas condiciones de cada empresa. Aunque el tamaño de la organización es un factor determinante para aplicar correctamente el principio de proporcionalidad, también debe tenerse en cuenta otros factores como pueden ser el mercado geográfico, tipo de negocio, terceros con los que se relaciona, etc. Por tanto, la aplicación proporcional del programa de *compliance* no se ve determinado solo por factores internos, sino que depende también de factores externos.

Es importante que cuando se analiza la situación de la empresa debe hacer un análisis completo de todos los aspectos que deban ser valorados para elaborar el programa de *compliance*. Esto no debe ser confundido con el llamado *cherry picking* o falacia de la prueba incompleta.

> **CUESTIÓN**
>
> **¿Qué es el *cherry picking* o falacia de la prueba incompleta?**
>
> Esta expresión hace referencia a una conducta de manipulación por la que de todos los datos de los que se dispone, únicamente se escogen los que interesan, ignorando los que no.

La transcendencia del principio de proporcionalidad no es meramente formal, sino que se extiende a la aplicación práctica del programa de *compliance*. La viabilidad del programa que se ha elaborado solo es posible si el modelo de cumplimiento se ha diseñado a la medida de la estructura y recursos, de personal y financieros, de la organización de que se trate.

Un reflejo del principio de proporcionalidad lo encontramos en las pymes con relación al canal interno de denuncia y a la figura del *compliance officer*:

– El canal de denuncias en las pymes es común que consista en la comunicación directa entre los empleados y el responsable del cumplimiento. Mientras que en grandes empresas lo habitual es que el mismo sea mediante medios electrónicos.

- En relación con la figura del *compliance officer* en las pymes esa función suele estar asumida por el propio gerente o propietario. Sin embargo, en grandes empresas el control suele realizarse por un equipo de compliance que se encuentra dirigido por el *chief compliance officer.*

2.
NORMAS ESPECÍFICAS EN MATERIA DE *COMPLIANCE*

Realizaremos una aproximación a algunas de las principales normas en materia de cumplimiento normativo para lo cual diferenciaremos los estándares genéricos, los cuales tratan de estructurar cualquier modelo de *compliance*, y los estándares específicos, que regulan actividades en particular.

De la normativa respecto al *compliance* debemos destacar las normas ISO —siglas de la expresión inglesa *International Organitazion for Standardization*— las cuales son un conjunto de normas, de carácter internacional, orientadas a ordenar la gestión de una empresa en sus distintos ámbitos. Estas normas no son de cumplimiento obligatorio, pero su valor se encuentra en el prestigio de la citada organización, por lo que estas normas, a pesar del carácter voluntario, gozan de un gran reconocimiento y aceptación internacional.

Las normas ISO se componen de estándares y guías relacionados con sistemas y herramientas específicas de gestión aplicables en cualquier tipo de organización. Estas normas se crearon con el fin de ofrecer orientación, coordinación, simplificación y unificación de criterios a las empresas y organizaciones con el objeto de reducir costes y aumentar la efectividad, así como estandarizar las normas de productos y servicios para las organizaciones internacionales.

2.1. Estándares específicos

El *compliance* tuvo una primera aparición por necesidades financieras en los años setenta, fijando el foco en el ámbito de la supervisión de la actividad bancaria. Ante esas necesidades se crea el Comité de Basilea o Comité de Supervisión Bancaria de Basilea (en adelante, CSBB), este organismo es el encargado a nivel mundial de la regulación prudencial de los bancos y, en particular de su solvencia. Creado en 1974 por el «Grupo de los Diez», España entró a formar parte del mismo en 2001.

Los estándares de regulación bancaria que fija este organismo no tienen fuerza vinculante, pero su implantación se basa en el compromiso de sus miembros para adoptarlos. El objetivo fundamental del CSBB es fortalecer la regulación, la supervisión, y las prácticas de los bancos a nivel internacional. Con el fin de lograr una mayor estabilidad financiera mundial mediante la mejora de la solvencia, liquidez, gobernanza y gestión del riesgo, el CSBB desarrolla las siguientes actividades:

- Establece y promueve estándares globales de regulación bancaria y monitorizan su implementación.
- Identifican riesgos asociados mediante el intercambio de información sobre el sector bancario.
- Intercambian experiencias, enfoque y técnicas entre supervisores y bancos centrales.
- Colaboración con otros organismos del sector financiero.

En materia de *compliance* el CSBB ha emitido tres acuerdos, debiendo hacer especial referencia al Basilea III en cuanto sentó las bases sobre la gestión de riesgos y persecución del buen gobierno de las entidades bancarias, que posteriormente sirvió como base para su traslado al resto de entidades empresariales.

Del CSBB se extraen los principios rectores de buen gobierno corporativo que siguen inspirando los planes de cumplimiento y que sirven como guía práctica para activar cualquier sistema de cumplimiento normativo.

Otro de los pilares históricos fundamentales en los que se asienta el *compliance*, ha sido la necesidad de prestar atención a la cada vez más habituales prácticas de corrupción y soborno que se puedan dar en el seno de cualquier actividad. Esta problemática dio lugar a la *Foreign Corruption Practices Act* (en adelante, FCPA) que ha implantado los principios de honestidad corporativa y *«fair play»* empresarial, sin perjuicio de que su ámbito sancionador sólo abarca a funcionarios públicos.

Un tercer momento a destacar en la evolución del *compliance* es la creación del *Comitte of Sponsoring Organizations* conocido como COSO el cual ha promulgado tres documentos que actúan como marco práctico para activar mecanismos de control gestión de riesgos corporativos y prevención del fraude en las entidades empresariales. Esto supone el asentamiento de una base que guía el diseño y la implementación de los controles internos en las entidades y la auditoría del funcionamiento y efectividad de los mismos.

Por último, debemos hacer referencia a la *Bribery Act* (en adelante, BA) la cual fue promulgada en el año 2010 por el Parlamento Británico. En esta se da un paso más allá en el asentamiento de las bases de la corrupción y actos de soborno a un nivel corporativo. Esta norma es relevante en la medida en que por primera vez el delito corporativo, así mismo, en esta norma se plantea la exoneración de responsabilidad de una empresa que haya aplicado las medidas y controles de prevención adecuados para evitar los actos fraudulentos que, en definitiva, es el espíritu principal del *compliance* corporativo.

Norma ISO 37.001:2017 «Sistemas de gestión antisoborno. Requisitos con orientación para su uso»

Tal y como su nombre indica, se trata de un estándar internacional que facilita la sistematización de su «Sistema de gestión antisoborno» mejorando y estableciendo sus controles cuyo fin reside en terminar con las conductas fraudulentas y de soborno a las que puede verse sometida cualquier entidad. Se trata de integrar una serie de procesos, medidas y mecanismos de control adaptados a cada organización para ayudar a combatir el soborno dentro de la organización

La expresidenta del Consejo Económico y Social de la ONU, Lachezara Stoeva, señaló, durante un encuentro para «aprovechar el poder transformador del Objetivo de Desarrollo Sostenible número 16» celebrado en Nueva York el 2 de mayo de 2023, que *«la corrupción se lleva más del 5% del PIB mundial. De los 13 billones de dólares de gasto público mundial, hasta el 25% se pierde a causa de la corrupción»*. La ISO 37.001 nace con el fin de ayudar a paliar este problema y supone un catálogo de medidas de seguridad basadas en los siguientes aspectos:

- Establecer una cultura que promueva la integridad, transparencia y *compliance*.
- Adoptar una política clara antisoborno.
- Formación como parte de conseguir los objetivos de integridad y transparencia.
- Evaluación de los riesgos asociados al soborno.
- Establecimiento de procesos de diligencia y controles tanto financieros como comerciales.
- Información e investigación.

El documento ISO 37.001 solo es aplicable para el soborno, el mismo establece los requisitos y proporciona una guía para ayudar a la organización a establecer un sistema de gestión que permita prevenir, detectar y enfrentar las posibles conductas de soborno. Este documento no aborda específicamente el fraude, cárteles y otros delitos antimonopolio y competencia, blanqueo de dinero u otras actividades relacionadas con las prácticas corruptas a pesar de que una organización puede optar por ampliar el alcance del sistema de gestión para incluir estas actividades.

Las reglas señaladas en el documento mentado son genéricas ya que la pretensión es que resulten aplicables a todas las organizaciones con independencia del tipo, tamaño y naturaleza de la actividad ya sea en los sectores público, privado o sin fines de lucro.

Finalmente debemos señalar que esta herramienta está diseñada como una herramienta independiente, evaluable y compatible con otros sistemas de gestión de los que la empresa ya disponga o que tenga previsto implantar debido a la adopción de la estructura de alto nivel. Además, esta norma ISO se encuentra planteada de cara a la posibilidad de certificar el cumplimiento de sus prescripciones normativas.

Norma UNE 19603:2023 «Sistemas de gestión de *compliance* en materia de libre de competencia. Requisitos con orientación para su uso»

Esta norma fue aprobada en noviembre de 2023 por la UNE por lo que tiene aplicación en el ámbito nacional. Esta norma fija unos requisitos y directrices para el establecimiento, implantación, evaluación y mantenimiento de un sistema de cumplimiento en materia de defensa de la libre competencia.

En la misma se establece en primer lugar una serie de obligaciones para la propia empresa y sus órganos de gobierno y alta dirección. Y, en segundo lugar, se centra en la fijación de las obligaciones del personal de la entidad.

La UNE 19603 señala que los grandes bloques de conductas a los que tiene que prestar especial atención un sistema *compliance* en materia de libre competencia son:

– Conductas colusorias. Debe intentar evitar los acuerdos, decisiones o recomendaciones colectivas, o prácticas concertadas o conscientemente paralelas que tengan por objeto o produzcan el efecto de impedir, restringir o falsear la competencia.

– Abuso de posición dominante. Ejemplos de las situaciones que pueden presentarse en este supuesto son la imposición de precios o condiciones comerciales no equitativas, negarse a la prestación de un servicio sin causa de justificación, condicionar la celebración del contrato a prestaciones que no guardan relación con el mismo, etc.

– Falseamiento de la libre competencia. Esta conducta se refiere a aquellos actos en los que una empresa compite faltando a la debida diligencia profesional, como puede ser el supuesto en el que da información falsa sobre los productos de sus competidores.

– Concentraciones económicas no comunicadas o autorizadas. Se refiere a aquellas situaciones en las que una empresa o varias modifican su control mediante la unión de empresas ya sea por fusión, adquisición de una empresa o parte de ella por otra, o por la creación de una empresa en participación. Este tipo de actuaciones deben ser comunicadas a la Comisión Nacional de la Competencia, por lo que el programa de compliance debe contener medidas para evitar que se ejecute sin esa previa comunicación y autorización.

– Ayudas del estado que sobrepasen límites normativos y/o puedan restringir la libre competencia.

2.2. Estándares genéricos

Norma UNE-ISO 37301:2021 «Sistemas de gestión del *compliance*. Requisitos con orientación para su uso»

En mayo de 2021 la Asociación Española de Normalización (en adelante, UNE) publicó la ISO 37301 que constituye el primer estándar mundial de *compliance* transversal certificable. Esta norma especifica requisitos y proporciona directrices con el fin de establecer, desarrollar, evaluar, mantener y mejorar los sistemas de *compliance* dentro de las empresas. Resulta aplicable a toda clase de organizaciones con independencia de su tipo, tamaño y naturaleza de la actividad.

La primera norma dictada en esta materia —ISO 19600— fue publicada en el año 2014 como la guía de referencia sobre los recursos que debía contener cualquier entidad para dar cumplimiento efectivo al programa de cumplimiento normativo y las obligaciones asociadas. Sin embargo, la evolución del mercado ha hecho necesario una adaptación de la regulación a las nuevas situaciones por lo que la norma ISO 37301 supone un paso más en esta materia.

La principal novedad de esta norma es la posibilidad de certificación por parte de un tercero la cual constituirá una clara evidencia de que en la empresa existe un programa de cumplimiento real y efectivo, lo cual revertirá efectos positivos sobre la organización. Este proceso de certificación permitirá a la entidad auditada alcanzar un doble objetivo:

- La adecuada implantación del programa de *compliance* y su actualización con relación a nuevos riesgos que puedan aparecer.

- La facilidad de acreditar frente a terceros el cumplimiento de las obligaciones por parte de la empresa.

> **A TENER EN CUENTA.** La Fiscalía General del Estado en la Circular 1/2016, de 22 de enero, ha señalado que esta certificación no supone una exclusión automática de la responsabilidad, así en la conclusión 19ª.3 señala *«Las certificaciones sobre la idoneidad del modelo expedidas por empresas o asociaciones evaluadoras y certificadoras de cumplimiento de obligaciones, mediante las que se manifiesta que un modelo cumple las condiciones y requisitos legales, podrán apreciarse como un elemento adicional más de la adecuación del modelo pero en modo alguno acreditan su eficacia, ni sustituyen la valoración que de manera exclusiva compete al órgano judicial».*

Otra de las novedades que presenta esta norma es la aportación de una visión actualizada y más madura de la disciplina del *compliance* con una definición mucho más clara de las responsabilidades de la función de *compliance*. Así mismo, esta norma promueve los canales de denuncias al entender que constituyen la herramienta fundamental para el control e implantación de la cultura de cumplimiento en la empresa.

Norma UNE 19601:2017 «Sistemas de gestión de *compliance* penal. Requisitos con orientación para su uso»

Esta norma presenta dos características esenciales:

- Se trata de una norma de aplicación directamente nacional, promulgada por la UNE.

- Se centra en la gestión del *compliance* en materia penal cuyo objeto es evitar que se materialicen delitos en el seno de la empresa.

Por tanto, estamos ante un estándar nacional que reúne las mejores prácticas para prevenir delitos, reducir el riesgo y fomentar una cultura de empresarial ética y de cumplimiento con la ley.

Además, desarrolla requisitos y directrices para la implantación de modelos alineados con las exigencias de la legislación penal con relación a los sistemas de gestión y control para la prevención y detección de delitos.

Debemos señalar que a pesar de que estos sistemas de gestión *compliance* tienen como principal función prevenir la comisión de delitos que puedan comportar la responsabilidad de la persona jurídica, ello no impide que su contenido también resulte de utilidad para prevenir otros tipos de delitos que puedan cometerse en el contexto de la actividad empresarial.

Entre las obligaciones que la norma establece a las organizaciones podemos señalar:

- Identificar, analizar y evaluar los riesgos penales.
- Disponer recursos financieros, adecuados y suficientes para conseguir los objetivos del modelo.
- Usar procedimientos para la puesta en conocimiento de las conductas potencialmente delictivas.
- Adoptar acciones disciplinarias si se producen incumplimientos de los elementos del sistema de gestión.
- Supervisar el sistema por parte del órgano de *compliance* penal.
- Crear una cultura en la que se integra la política y el sistema de gestión de *compliance*.

El cumplimiento de los requisitos señalados por esta norma son certificables por terceras sociedades. En este ámbito debe tenerse en cuenta que la Norma UNE 165019:2018 establece los requisitos para los organismos que realizan la auditoría y la certificación de sistemas de gestión *compliance* penal conforme a la Norma UNE 19601.

> **A TENER EN CUENTA**. La Norma UNE 165019:2018 complementa la Norma ISO/IEC 17021-1:2015.

Norma UNE 19602:2019 «Sistemas de gestión *compliance* tributario. Requisitos con orientación para su uso»

Aprobada en febrero de 2019, la Norma UNE 19602 tiene como objetivo ayudar a las organizaciones a prevenir y gestionar los riesgos tributarios por medio de la implantación en la empresa de una cultura de cumplimiento. Esta norma reporta dos ventajas a la empresa:

- Proporciona las directrices necesarias para establecer un sistema de *compliance* fiscal y tributario, mediante el cual la empresa minimiza los riesgos que en esta materia pueden existir.
- Es una prueba de que la empresa tiene voluntad de cumplir la normativa fiscal y tributaria.

La norma fija términos de referencia para la implantación en las organizaciones de un sistema de gestión de *compliance* tributario en consonancia con la normativa fiscal y tributaria nacional. Entre los requisitos que se establecen encontramos:

– Que los órganos de gobierno aprueben un programa de *compliance* tributario que ayude a minimizar la exposición a riesgos tributarios.

– Formación de todo el personal respecto a los riesgos tributarios y las normas que deben seguir para evitarlos.

– Implantar controles financieros y no financieros tanto a nivel interno como sobre otras entidades.

– Instaurar canales de denuncia ante incumplimientos o sospechas fundadas de incumplimientos, garantizando la protección del informante.

El cumplimiento de esta norma es certificable por una tercera parte independiente lo que supone una garantía de que se está aplicando de manera eficaz. La certificación puede constituir un elemento de prueba fundamental que permite demostrar, ante la Administración o los tribunales, que la empresa cuenta con una cultura de cumplimiento eficiente. Demostrar que el programa de *compliance* se ajusta a estos parámetros favorece la exención de responsabilidad tanto administrativa como penal.

Norma UNE 19604:2023 «Sistemas de gestión de *compliance* sociolaboral. Requisitos con orientación para su uso

Esta norma aprobada en julio de 2023 resulta de aplicación en el contexto de sistemas de gestión y control sobre riesgos en el ámbito sociolaboral. El principal objetivo de esta norma es lograr en la empresa una cultura de cumplimiento en materia sociolaboral, la cual supone un escudo de protección frente a cualquier tipo de incumplimiento en el ámbito laboral y refuerza la reputación y sostenibilidad social de las organizaciones.

El *compliance* sociolaboral debe prestar especial atención a los colectivos más vulnerables, especialmente en situaciones de personas con discapacidad adoptando medidas que favorezcan la diversidad e inclusión social.

Esta norma resulta aplicable en los siguientes ámbitos:

– Ejercicio de los derechos constitucionales de igualdad y no discriminación y protección de colectivos vulnerables dentro de la organización.

– Relación individual de trabajo. Salario, tiempo de trabajo, modificación de las condiciones de trabajo, etc.

– Relaciones colectivas de trabajo. Medidas de conflicto colectivo, negociación colectiva, participación de los representantes de los trabajadores, etc.

– Protección social. Prestaciones de la seguridad social, mejoras voluntarias, sistemas de previsión social, etc.

– Cualquier otra obligación socio laboral.

A TENER EN CUENTA. Esta norma no es aplicable a las obligaciones en materia de prevención de riesgos laborales al existir normas específicas que recogen los requisitos correspondientes.

3.
LA CULTURA DE CUMPLIMIENTO: EL OBJETIVO PRINCIPAL DEL *COMPLIANCE*

A pesar de que el *compliance* se orienta a evitar o prevenir que la empresa puede incurrir en responsabilidad penal o en otro tipo de sanciones, debemos señalar que esto no constituye su **objetivo principal**, sino que el mismo será el de **crear una cultura de cumplimiento normativo**. Esto no es una cuestión sin transcendencia ya que el hecho de cumplir las normas con el solo fin de evitar la sanción, sin prestar atención a la gestión del riesgo y a la formación del personal, no tiene efectividad como programa de *compliance*.

Dicho de otro modo, el cumplimiento formal de los programas establecidos en la normativa aplicable a la empresa no es válido si existe la posibilidad de que, al no existir una actitud activa de cumplimiento de todo el personal, se pueda materializar una infracción o un delito penal. En relación a esta necesidad de promover una verdadera cultura ética empresarial se ha referido la Fiscalía General del Estado en la Circular 1/2016, de 22 de enero en la que expone que *«(...) la clave para valorar su verdadera eficacia no radica tanto en la existencia de un programa de prevención sino en la importancia que tiene en la toma de decisiones de sus dirigentes y empleados y en qué medida es una verdadera expresión de su cultura de cumplimiento. Este criterio general presidirá la interpretación por los Sres. Fiscales de los modelos de organización y gestión para determinar si, más allá de su conformidad formal con las condiciones y requisitos que establece el precepto, expresan un compromiso corporativo que realmente disuada de conductas criminales».*

3.1. La cultura de cumplimiento

La cultura en una sociedad se forja a través de las conductas que tolera y las que evita, bajo las que subyacen una serie de valores. Es muy importante en el ámbito de *compliance* toda vez que **una cultura de cumplimiento es** necesaria para probar la eficacia del programa y poder acceder, de esta manera, a la exención penal. La implantación y promoción de una cultura de cumplimiento no es un objetivo que pueda alcanzarse en poco tiempo. Más bien al contrario, es un proceso activo que puede extenderse un largo período de tiempo, de tal forma que hay que cuidarlo dentro de la entidad de modo que, conforme transcurra el tiempo y gracias a la actitud activa de la empresa, se estará más cerca de dotar a la organización de una verdadera cultura de cumplimiento.

Por tanto, es fundamental establecer la estructura principal en torno a la que confeccionar el plan de *compliance*. Para lograr esto es necesario proporcionar a la empresa todos los recursos que sean necesarios para **lograr hacer efectiva la cultura de cumplimiento de tal forma que existan evidencias de la misma**, ya que la exoneración de la responsabilidad de la persona jurídica solo podrá apreciarse en el supuesto de que se aprecien dichas evidencias.

Para no estar ante un cumplimiento simplemente formal debe procurarse que el personal que compone la empresa tenga un amplio nivel de formación. Para ello, es preciso contar con **recursos suficientes** para que las decisiones se adopten por medio de una metodología ética, así como poseer una estructura definida que actúe como **organismo de control y auditoría** del cumplimiento. Es también necesario que la organización cuente con un **catálogo de actuaciones** que se encuentran prohibidas y sujetas a sanción por la propia empresa.

En la creación de una cultura de cumplimiento el primer paso ha de ser el de **identificar y confeccionar un catálogo de normas** que ayude a definir el marco de ética empresarial que debe regir en la empresa. Para comenzar esta tarea es esencial identificar las conductas que serán nocivas para el funcionamiento o para el propio negocio de la empresa identificando las actuaciones que no deben cometerse. En cuanto se hayan identificado los focos negativos deben traducirse en normas de cumplimiento.

Este ejercicio debe ser instado, controlado y promovido por la dirección y administración de la empresa, siendo su implicación en la creación de la cultura de cumplimiento esencial para que el resto de empleados se comprometan con el cumplimiento normativo. La relevancia de instaurar una cultura de cumplimiento descansa en que el personal de la entidad interiorice la misma y en consecuencia la vaya aplicando en la toma de todo tipo de decisiones pues esto supone un indicio muy importante de la existencia de modelos de organización y prevención y, en consecuencia, facilita que la persona jurídica se vea exonerada de los delitos que puedan ser cometidos en nombre o por cuenta de la misma, por sus representantes legales.

3.2. Evidencias de la cultura de cumplimiento

Para poder desprender de la actividad cotidiana que la empresa tiene instaurada una cultura de cumplimiento podemos prestar atención a ciertas evidencias como las que exponemos a continuación:

a) Las decisiones directivas de la empresa, que marcan su rumbo, abrazan en todo momento la idea de cumplimiento normativo.

Nos referimos en este punto al *tone at the top* que se refiere al **conjunto de valores, principios y comportamiento presentes en las decisiones que adop-**

ten los altos cargos de la empresa. El hecho de que los líderes de la empresa tengan una actitud de cumplimiento genera un ambiente dentro de la organización de ética, respeto y cumplimiento normativo y por tanto es más probable que los empleados actúen dentro de los parámetros normativos.

Con relación a este cumplimiento por parte de la dirección de la empresa podemos exponer dos ejemplos:

- Si la empresa tiene previsto comercializar un nuevo producto y la empresa antes de lanzarlo al mercado, un signo de cumplimiento normativo es que valore todo el proceso de ventas y prospección comercial del mismo.

- Otro ejemplo es el caso en que el equipo de marketing quiera lanzar una campaña publicitaria vía *mailing* masivo, antes de llevarla a cabo debe comprobarse que los datos personales que se pretenden emplear para su realización cuentan con el consentimiento necesario.

b) Presencia de un intento constante para evitar las conductas empresariales temerarias.

Una muestra de que desde lo más alto de la jerarquía de la organización se fomenta una cultura de cumplimiento, es que **no se fomente ni se valore positivamente ningún comportamiento que pueda suponer un riesgo,** de tal forma que sea patente que la empresa tiene un régimen interno que no tolera ningún atisbo de conducta que pueda generar algún riesgo.

Podemos ilustrar esta situación a partir de un caso supuesto donde el cliente de una empresa de servicios solicita la portabilidad de sus datos para otra empresa. Uno de los empleados del área de marketing sugiere que se almacenen los datos del cliente para realizar ofertas de productos mediante *mailing* o llamada. En este caso una empresa con cultura de cumplimiento se negaría a realizar dicha actuación, contraria a la normativa de protección de datos, y adoptaría las medidas necesarias para evitar dicha conducta.

c) La empresa dispone de un canal interno de denuncias.

Por este medio la empresa recibe comunicaciones de incumplimientos y puede gestionar la solución a la conducta que ha generado el riesgo. Una empresa con una cultura de cumplimiento cuando **detecta algún tipo de incumplimiento deberá sancionar al personal responsable** del mismo de acuerdo con lo que, en su caso, proceda.

En el ejemplo del apartado anterior la sugerencia del empleado denota que el mismo no está integrado en la cultura de cumplimiento y por tanto es necesario que la dirección empresarial tome las medidas que considere oportunas para reprobar esa actitud.

d) En la empresa se imparten cursos de formación sobre cumplimiento normativo.

El instrumento más eficaz y en que constituye una de las bases de la cultura de cumplimiento es la formación del personal. La **realización por parte de la empresa de cursos o jornadas,** ya sean online o presenciales, sobre los principales problemas que puedan surgir en el desarrollo de su actividad empresarial es una garantía para que el personal pueda cumplir con sus obligaciones normativas. Debemos tener presente que, si los empleados carecen de formación, es muy difícil que no se cometan infracciones o conductas perjudiciales.

e) Se realizan auditorías y controles periódicos sobre la eficacia del plan de cumplimiento.

De poco sirve implantar un sistema *compliance* si dentro de la entidad no se realizan **comprobaciones de su eficacia y se audita o comprueba los mecanismos de control.** Por tanto, es esencial que además de que exista un canal interno de denuncias, se establezca un mecanismo de auditorías del propio canal, así como, del resto de controles de cumplimiento que se hayan incorporado.

Esta función le corresponde al *compliance officer,* pero es también necesario la colaboración del resto de personal, de tal forma que, exista en cada departamento un responsable de localizar focos negativos, riesgos o incumplimientos de los que pueda tener noticia.

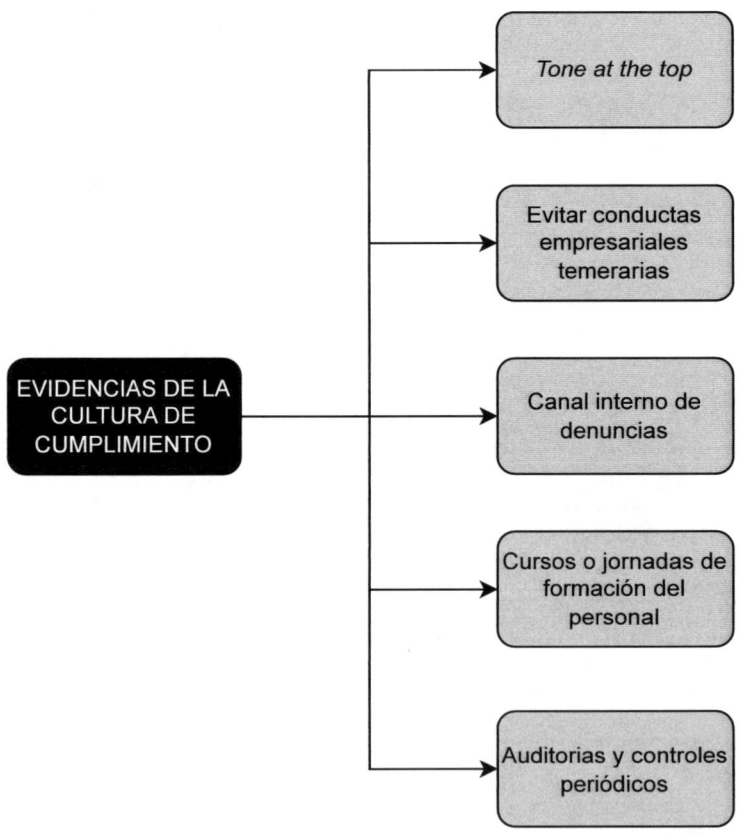

De todo lo expuesto podemos concluir que cualquier conducta que se antoje proactiva o cuya finalidad sea fomentar la cultura de cumplimiento en la empresa, siempre que esto sea evidenciable, se configura como una aportación a esa creación de cultura de cumplimiento. En esta construcción debe tenerse en cuenta las características de la concreta organización, pues cada una tiene su estructura, organización y necesidades, pero ello no resta que todas ellas están sometidas a un marco regulatorio y normativo que no puede vulnerarse.

Entre los **componentes que debe tener la organización para mejorar la cultura de cumplimiento** podemos referir:

- Existencia de una **política** *compliance* que determine la voluntad de organización en cuanto al respeto de las normas (apoyada por la alta dirección).

- La **adecuada definición de las funciones de** *compliance.*

- **Identificar y valorar riesgos** de *compliance.*

- Establecer **mecanismos de diligencia debida** para comprobar que las personas que se vinculan con la organización comparten dichos valores.

- Ocuparse de que las **personas de la organización sean formadas** para que sepan las normas y sepan cómo actuar ante incumplimientos.

- Reconocer los logros de *compliance* de manera explícita a través de **incentivos**.

- Establecer un **sistema sancionador** a través de medidas disciplinarias ante el incumplimiento.

- Política de **remuneración** que consideren el **logro de objetivos** de *compliance.*

La cultura de *compliance* tiene relevancia de cara al crecimiento de la propia empresa, ayudando a la organización que lleve su actividad en el tiempo sin sobresaltos, ayudando a la sostenibilidad de la misma y, en definitiva, supone la **consecución del fin último de la propia función de cumplimiento normativo.**

4.
BENEFICIOS DEL *COMPLIANCE* PARA LAS PYMES

El *compliance* es una **función independiente que identifica, asesora, alerta, monitorea y reporta los riesgos de cumplimiento en las organizaciones.** Este riesgo de cumplimiento se puede traducir, en general, como el riesgo de recibir sanciones por incumplimientos legales o normativos, sufrir pérdidas financieras o pérdidas de reputación por faltas de cumplimiento con las leyes aplicables, las regulaciones, los códigos de conducta y los estándares de buenas prácticas empresariales.

Pero no podemos entender el *compliance* únicamente como un medio para evitar sanciones, sino que **un buen programa de *compliance* permite posicionar la empresa en un lugar destacado en el mercado** pues favorece la eficiencia frente a otras empresas que carezcan de una política de cumplimiento realmente asentada.

Contar con un programa de *compliance* no consiste únicamente en cumplir una serie de formalidades, sino que su implantación reporta a la empresa una serie de beneficios. El *compliance* no solo supone un salvavidas frente a posibles responsabilidades de la empresa, sino que además acarrea una serie de **beneficios reputacionales** posicionando al negocio en un lugar privilegiado. A todo ello se adhieren **ventajas en el ámbito mercantil de la competencia,** desarrollando una ventaja competitiva al dotar de una organización mucho más eficiente frente a otras empresas que no tengan una política de cumplimiento asentada. A continuación, expondremos algunas de las razones por las que el *compliance* se presenta como una **oportunidad empresarial,** más allá de una imposición legal.

Responsabilidad civil

A pesar de que el *compliance* se orienta principalmente al ámbito penal como mecanismo de exoneración de responsabilidades, no es una herramienta exclusiva de este ámbito. Lo idóneo es que la empresa incorpore un plan de cumplimiento normativo que abrace todos los ámbitos que puedan tener afectación en las empresas, configurando lo que se conoce como *corporate compliance* el cual se configura como un sistema de gestión integral.

Entre los sectores ajenos al ámbito penal que pueden afectar a las entidades empresariales, nos encontramos con los supuestos propios de la jurisdicción civil, en concreto con la **responsabilidad civil,** tal como se dispone en los artículos 1902, 1903 o 1908 del Código Civil. Cabe reparar en que la principal diferencia que se proyectará sobre un *compliance* orientado a la responsabilidad penal es que en el ámbito civil se debe **centrar el sistema en el daño causado por la conducta negligente del empresario,** mientras que en el ámbito penal se basa en la propia infracción o delito que se comente.

Implementar una verdadera **cultura de cumplimiento lleva asociada** una concienciación de cumplimiento de las normas que, **dificulta la comisión de conductas negligentes.** Si una empresa tiene claras cuáles son las actividades o conductas que suponen una actuación negligente que generará una obligación de resarcimiento del daño causado, es más probable que no se acabe cometiendo la negligencia que si no se tuviese ningún tipo de formación y se dejase uno llevar por su intuición o diligencia *per se.*

Esta responsabilidad viene reflejada en la cuarta disposición del artículo 1903 CC, en conexión con el artículo 1902 CC, el cual indica que estarán obligados a reparar el daño causado mediando culpa o negligencia los *«(...) dueños o directores de un establecimiento o empresa respecto de los perjuicios causados por sus dependientes en el servicio de los ramos en que los tuvieran empleados, o con ocasión de sus funciones (...)».* Por tanto, **si en nuestra empresa alguno de los responsables contratados lleva a cabo alguna conducta negligente con un cliente, será el empresario el que deberá responder.**

No obstante, **si el empresario cuenta con un programa de** *compliance* **efectivo instaurado en el seno de la organización, es mucho menos probable que se cometa la conducta** de la que deriva dicha responsabilidad.

Daño reputacional

En cuanto al impacto que pueda tener un incumplimiento de la normativa o la comisión de una infracción por parte de la empresa, es claro que esto tendrá un efecto negativo sobre la misma y no contribuye a forjar una buena imagen de la marca que la empresa se vea involucrada en entramados legales de difícil gestión.

En este ámbito se deduce claramente la importancia de contar con un sistema de *compliance*, nadie desea que el nombre de su empresa se vea salpicado en artículos de prensa o, sin llegar a ese nivel de exposición pública, que los clientes comiencen a desaconsejar y criticar los servicios que se ofrezcan. Por esta razón se debe tener en cuenta que un **programa de** *compliance* **puede recoger una gestión integral de la reputación de la empresa a diferentes niveles.** Así, puede darse una situación en la que se ha cometido algún error en la distribución del servicio ofertado o que simplemente algunos clientes no están de acuerdo con el producto vendido. Ante esta situación, si no existe un protocolo de organización y gestión de las quejas de los clientes, que actúe como canalizador para mantener un *feedback* positivo de estos, nuestra empresa está destinada a corromper su imagen comercial y hundirse en el mercado, pues no está sabiendo leer los mensajes que envían los agentes más importantes del mismo. En efecto, si una empresa comienza a proyectar una imagen desorganizada e incluso improvisada a la hora de tomar decisiones que afecten a su línea de negocio, está completamente perdida.

Esta no es una cuestión irrelevante, ya que uno de los principales riesgos a los que se debe hacer frente una organización es la conservación de su reputación y buena imagen, lo cual se asocia inevitablemente a los productos o servicios que comercializa. Por tanto, **debe tomarse el *compliance* como una oportunidad de mejora constante en nuestra entidad,** de manera que todo lo que pueda ayudar a forjar una imagen transparente, honesta y de compromiso con la cultura del cumplimiento no hará sino reforzar la fuerza competitiva de nuestra empresa en el mercado.

Contratación pública

El escenario de la contratación pública se ha visto modificada a través de la Ley 9/2017, de 8 de noviembre de Contratos del Sector Público (en adelante, LCSP), la cual ha provocado el acercamiento de la figura *compliance* a este tipo de contrataciones. Puede llegar a suponer que, en caso de no contar con un plan de cumplimiento implantado de manera efectiva, se excluya de los procedimientos de contratación en los que estén en licitación.

Por este motivo resulta lógico **aprovechar la utilidad que tiene un programa de *compliance* para proyectarlo sobre las causas de prohibición de contratar** previstas en el art. 71 de la LCSP en las que pueda verse inmersa una empresa a la hora de contratar. El art. 72.5 de la LCSP determina una serie de apreciaciones de la prohibición de contratar, entre las cuales establece que **no procederá declarar la prohibición de contratar** cuando la persona acredite:

- El **pago o compromiso de pago de las multas e indemnizaciones** fijadas por sentencia o resolución administrativa de las que derive la causa de prohibición de contratar, siempre y cuando las citadas personas hayan sido declaradas responsables del pago de la misma en la citada sentencia o resolución.

- La **adopción de medidas técnicas, organizativas y de personal** apropiadas para evitar la comisión de futuras infracciones administrativas, entre las que quedará incluido el acogerse al programa de clemencia en materia de falseamiento de la competencia.

A TENER EN CUENTA. El pago o compromiso de pago y la adopción de medidas técnicas, organizativas y de personal no excluirá la prohibición de contratar cuando se refiera a la prevista en la letra a) del art. 71.1 de la LCSP.

CUESTIÓN

¿Cuándo debe acreditar la persona el cumplimiento de condiciones para que no se declare la prohibición de contratar?

La persona deberá acreditar que cumple alguna de las condiciones para que no se declare la prohibición de contratar en sede del trámite de audiencia del procedimiento correspondiente.

De la exigencia de adopción de medidas técnicas de tipo organizativo y personal apropiadas para evitar la comisión de futuras infracciones administrativas, se deduce que **el legislador ha tenido en cuenta la influencia positiva que puedan tener los programas de cumplimiento** en la facilitación del procedimiento de contratación con el sector público. Si bien no existe una mención expresa a la obligación de tener implantado un programa de *compliance* para poder optar como candidato a un procedimiento de contratación pública. Ahora bien, sí que se **establece un procedimiento de exoneración de posibles irregularidades e infracciones cometidas** si se extrae una voluntad de mejora y cumplimiento de las mismas.

Contratación con terceros

El efecto que proyecta la figura del *compliance* en el mercado se traduce en una **oportunidad de crecimiento, organización y mejora de la calidad del producto o servicio**. Cada vez es más frecuente que las empresas asuman su responsabilidad a la hora de responsabilizarse del cumplimiento normativo a través de un programa de *compliance*, sobre todo en el ámbito del *corporate compliance* y no solo en el ámbito penal.

Es raro encontrar alguna gran empresa que no imponga como requisito para contratar con terceros el contar con un programa de cumplimiento normativo. Por esta razón, lo más común en los tiempos que corren, es que aquellas empresas que deseen entablar algún tipo de negocio o relación comercial con una gran empresa puedan demostrar una cultura de cumplimiento normativo, a través de un programa de *compliance* con pruebas claras de su efectividad e implantación. Por tanto, si una pyme desea entablar relaciones mercantiles con otra empresa debe asumir su evidente necesidad de implantar un programa de cumplimiento, debiendo mantener dicho programa en constante actualización y revisión.

Estas circunstancias **no deben entenderse como una carga de responsabilidad** añadida para la empresa, sino que debe apreciarse que **la implantación de un programa de *compliance* supone una ventaja competitiva fundamental** que debe ponerse sobre la mesa cuando se valoren los costes y oportunidades de implantar dicho programa. En efecto, si no se leen las señales que ofrece el mercado en este sector, muy difícilmente la empresa podrá competir con todas aquellas otras que hagan del *compliance* su seña de identidad y calidad, pues progresivamente podría quedarse sin entidades con las que intercambiar servicios.

Compliance como inversión

De lo que hemos expuesto hasta este momento se puede extraer un denominador común y es que **el *compliance* constituye un plan de inversión y mejora de la competitividad de la empresa**. Recordemos que el *compliance* es una herramienta eficaz de optimización de recursos y prevención de sanciones.

Todos somos conscientes de que las decisiones que se toman en una empresa van ligadas inevitablemente a las cifras en las que se maneje la entidad. De este modo *a priori* podría parecer que la incorporación de una cultura de cumplimiento en la entidad con todos los mecanismos de control que necesita y recursos que puede ocupar, supone un gasto que pocas sociedades podrían estar dispuestas a asumir, no sólo económico sino también operacional.

El *compliance* que se configura en torno a un programa de cumplimiento en sentido integral (*corporate compliance*), que engloba todas las necesidades de la empresa puede llegar con el paso del tiempo a suprimir de raíz todos los focos de riesgos que existan y que puedan dificultar el progreso del negocio, aprovechando para mejorar la logística y organización interna, tanto material como personal.

Una entidad que esté verdaderamente comprometida con el *compliance*, está diferenciándose de su competencia. Aunque pudiese parecer irrelevante, los clientes y el resto de agentes del mercado, prefieren una empresa que se preocupe por la forma en la que hace sus negocios, por la ética a la hora de actuar y por aquella que dé una imagen seria y no improvisada. Así mismo **una empresa que está saneada y organizada puede centrarse en maximizar su beneficio** en mayor medida que otra que tenga que atender a posibles vicisitudes logísticas y conflictos legales.

Esto no quiere decir que una empresa que no tiene implantado un sistema de gestión de *compliance* no cumpla con la normativa vigente, puede cumplir perfectamente, de hecho, implantar el programa es totalmente voluntario para cualquier empresa. No obstante, lo que se intenta defender con estas palabras es que **tener un programa claro, eficaz, idóneo, proporcional e integral genera un coste a corto plazo (dedicar recursos *a priori*) pero a largo plazo supone una inversión** pues los beneficios de tenerlo implantado en el seno de la empresa son palpables.

5.
EL PLAN DE CUMPLIMIENTO

Para ser lo más claro posible entenderemos el término *paper compliance* como **plan de cumplimiento cosmético o meramente formal.** Concretando el término, hablamos de que la empresa no elabora su propio programa *compliance*, sino que copia los programas elaborados por otras empresas, que incluso pueden pertenecer a otro sectores industriales o comerciales, y esto con el fin de reducir los costes.

Si la empresa u organización cuenta con un *paper compliance*, podrá demostrar ante inspectores y clientes (en calidad de interesados) que ha codificado en un dosier documental el conjunto de políticas, protocolos y procedimientos a seguir para la minimización de riesgos y coyunturas negativas que puedan acontecer. Sin embargo, nunca podrá demostrar que los controles técnicos que se necesitan para implementar lo que está recopilado en el dosier son realmente efectivos y están adaptados a las necesidades de la empresa. Se necesitan evidencias reales que conecten lo estipulado por escrito frente a lo que se debe realizar.

El caldo de cultivo para ocasionar que una empresa opte por el modelo «barato y sencillo» de un programa de *compliance* meramente cosmético, es la conducta reactiva por la cual la empresa no toma con demasiada simpatía las obligaciones en cuanto al control y análisis del riesgo de su actividad. Es muy común encontrarse a organizaciones que lo único que desean es que se les elabore un dosier técnico con la documentación que sea necesaria y de esta forma cumplir con el formalismo y evitar sanciones. Este tipo de dosieres normalmente se obtienen mediante la copia de alguna otra entidad que ha hecho el esfuerzo de confeccionar un buen programa de cumplimiento o, en la mayoría de los casos, de otras entidades que también han optado por el *paper compliance*.

La Fiscalía General del Estado en la Circular 1/2016, de 22 de enero, ya alertó sobre esta práctica señalando al respecto *«No es infrecuente en la práctica de otros países que, para reducir costes y evitar que el programa se aleje de los estándares de la industria de los compliance, las compañías se limiten a copiar los programas elaborados por otras, incluso pertenecientes a sectores industriales o comerciales diferentes. Esta práctica suscita serias reservas sobre la propia idoneidad del modelo adoptado y el verdadero compromiso de la empresa en la prevención de conductas delictivas».*

Este tipo de actuaciones motivaron al Parlamento Europeo que de nada servirá la adopción de una actitud formalista o reactiva a la hora de confeccionar la política de tratamiento de datos. Si la empresa tiene un dosier documental en el que indican las medidas de seguridad para la protección de datos personales de nada sirve si al trabajador no se le proporciona la formación adecuada.

En los casos de las empresas que recurren al *paper compliance* podrá demostrar ante los inspectores y clientes que ha codificado un dosier documental el conjunto de políticas, protocolos y procedimientos a seguir para la minimización de riesgos y coyunturas negativas que puedan acontecer. Sin embargo, nunca podrá demostrar que los controles técnicos que se necesitan para implementar lo que está recopilado en el dosier son realmente efectivos y están adaptados a las necesidades de la empresa. Se necesitan evidencias reales que conecten lo estipulado por escrito frente a lo que se debe realizar.

Como puede deducirse de lo expuesto, el decantarse por el *paper compliance* como plan de cumplimiento rápido, sencillo y fácilmente demostrable no tiene futuro a largo plazo en cualquier empresa. No tiene futuro porque no obedece al deber de proactividad ni genera o promociona ningún tipo de cultura de complimiento. Puede afirmarse que los *paper compliance* son los mayores *anticompliance* que puedan existir.

Entre todos los escenarios posibles, es posible citar como **supuestos de paper compliance** los siguientes:

- Copia-pega de otra organización.
- Aportar otro tipo de documentos como si fueran manuales de cumplimiento.
- Aportar planes que tienen una fecha divergente respecto a la alegada.
- Programa que carece de complementos necesarios.
- Programa que no se ha adaptado a las circunstancias actuales de la empresa.
- Copia-pega del Código Penal.
- Programas que son excesivamente amplios que diluyen la atención de lo importante.

6.
DISEÑO DE UN PROGRAMA DE *COMPLIANCE*. ESTRUCTURA NORMATIVA DEL PROGRAMA DE CUMPLIMIENTO

El *compliance* no debemos entenderlo como un documento o programa concreto, sino que nos referimos a un **conjunto de elementos que se complementan unos a otros formando un compendio de medidas y políticas que sostienen la organización de la empresa**. Este cuerpo normativo se encuentra formado por tres niveles: políticas, normas y procedimientos.

Legalmente no se establece ninguna formalidad respecto a la forma que deben presentar todos estos documentos e informes. Sin embargo, es **conveniente que los mismos se encuentren codificados** ya que deben servir como una herramienta útil y efectiva en el día a día de la empresa. El programa de *compliance* es la herramienta más eficaz de la que dispone la empresa para organizar su actividad, optimizar su estructura y evitar la materialización de los riesgos que puedan amenazar la entidad.

Así, un buen programa de *compliance* debería contar con una **estructura bien definida** para facilitar el acceso, no solo al *compliance officer* y el equipo encargado de confeccionarlo y actualizarlo, sino también a todo el personal de la empresa para que puedan consultarlo y ajustar su actividad al contenido de este. También es necesario, que además de ser accesible, el programa de *compliance* se **actualice periódicamente,** pues de nada sirve elaborar un programa que permanezca intacto. A lo largo del devenir de la actividad cambian las condiciones en las que la misma se desarrolla y por tanto debe ajustarse a los nuevos riesgos y situaciones, para el programa de cumplimiento sea efectivo.

Entre todos los elementos que componen el programa de *compliance* debería poder distinguirse:

Cultura de cumplimiento

El simple cumplimiento formal del programa no es válido si no existe una actitud activa de cumplimiento de todo el personal. Por ello es necesario que la organización logre crear una cultura de cumplimiento normativo. Para ello es fundamental la formación de todo el personal de la empresa, siendo para ello necesario contar con **recursos suficientes para que las decisiones se adopten a través de una metodología ética, así como disponer de un organismo de control y auditoría**.

Es fundamental que la promoción interna de la cultura de cumplimiento se efectúe atendiendo a la estructura piramidal, promoviendo el cumplimiento desde la dirección de la empresa hacia los empleados, siendo ejemplo en cada decisión y actitud que se presente en la entidad. Es muy importante que todas las esferas de la organización se involucren en todas las fases que conlleva el *compliance*, tanto en la fase de desarrollo del programa como en las fases de auditoría, evaluación y actualización de todos los controles y políticas asociados.

Por ello una recomendación técnica que puede hacerse para incorporar a la documentación, sería elaborar un documento suscrito por el personal directivo y de la administración en el que se comprometan a promocionar la cultura de cumplimiento dentro de la empresa. Una especie de compromiso ético a favor de la «tolerancia cero» a la existencia de incumplimientos o favorecimiento de conductas dañosas a la integridad de la empresa.

Mapas de riesgos: análisis y evaluación

Otro elemento indispensable es el relativo a la gestión de riesgos y sus controles y toda la documentación relacionada con su trazabilidad. Es decir, el programa de *compliance*, debe **incluir todos los documentos que se han tomado de base para la identificación, análisis y evaluación de los riesgos que pueden afectar a la entidad**, así como las matrices que se hayan empleado para su medición y clasificación y cuantos informes técnicos se hayan incorporado en este procedimiento.

Todo ello de tal forma que todos los documentos que se hayan empleado para la evaluación de riesgos deben constar de forma explícita en el programa de *compliance*. En cumplimiento de esto es necesario que se incorporen todas las versiones y revisiones que se realicen en los documentos, haciendo constar la fecha, la persona o departamento que haya aconsejado o ejecutado la modificación y, en su caso, los informes de auditoría externa que se hayan realizado.

Controles, protocolos y medidas organizativas

Este elemento está vinculado al anterior, ya que no es posible tener la información necesaria para establecer medidas organizativas y protocolos adecuados a la empresa si previamente no se han identificado de manera correcta los riesgos. Por tanto, una vez que se ha elaborado el mapa de riesgos, con la consecuente asociación a aquellas conductas o actividades que los puedan materializar, será posible **establecer las medidas y controles que deben incorporarse para reducir, en la medida de lo posible, el impacto que pueda causar la materialización o para prevenir la misma**.

Estos controles y medidas deben ir acompañados de evidencias documentadas sobre su eficacia, ya que el mero hecho de incorporar en el documento una relación de controles no es suficiente para exonerar de responsabilidad a la entidad, ni penal ni de cualquier otra naturaleza. Y ello, porque, aunque un programa sea formalmente perfecto ajustando los controles y medidas a los riesgos a los que esté sometida la entidad, no significa que su eficacia sea real. Es necesario para una auténtica efectividad que el programa de *compliance* inicial se ajuste a los riesgos nuevos que vayan surgiendo, sólo de esta manera el *compliance* puede exonerar de responsabilidad a la empresa.

Formación y comunicación interna

Se configura como una de las piezas fundamentales del *compliance.* Desde el momento en que se identifican los riesgos a los que se enfrenta la entidad el *compliance officer* debe mantener una **comunicación constante con todo el personal** que esté involucrado en el análisis de las diferentes áreas de la empresa que afecten a esta labor. Esta comunicación debe ir acompañada de una divulgación de los responsables de las áreas al resto de personal subordinado.

Toda decisión que se tome a favor del cumplimiento normativo y que se materialice dentro del programa de *compliance* debe ser conocida por la empresa, con independencia de que el programa ha de ser accesible por el interesado en cualquier momento. La divulgación puede realizarse a través de medios internos de correo electrónico, reuniones presenciales o a través de cursos de formación, especialmente en materias que sean más técnicas y las que supongan una mayor implicación humana y logística.

Medidas disciplinarias e incentivos

Finalmente, el programa de *compliance* debe tener un **elemento disuasorio y ejemplarizante,** que por un lado limite las actuaciones negativas del personal y por otro incentive las conductas que se corresponden con la cultura del cumplimiento normativo. En caso de que no se contemple este elemento difícilmente podrá decirse que se ha elaborado un programa de cumplimiento, pues su eficacia no se garantizaría de ningún modo.

En primer lugar, debe incorporarse **medidas de carácter disciplinario** que afecten a los trabajadores. En todo caso las sanciones que se establezcan deberán ser proporcionales al evento dañoso al que responden. En la aplicación de las medidas disciplinarias es fundamental que se den a conocer con carácter previo y que se ejecuten de manera correcta, pues de nada sirve que el personal esté advertido de que puede ser sancionado si, finalmente, ese aviso no tiene mayor transcendencia.

En segundo lugar, es recomendable **incorporar incentivos a las buenas conductas,** como, por ejemplo, menciones de honor, sobre todo a los trabajadores que hayan adoptado una actitud proactiva durante el máximo período de tiempo. Incluso podría valorarse introducir incentivos de corte económico en los salarios, a modo de pluses, para acelerar una competencia sana dentro de la empresa y una implantación a largo plazo de la verdadera cultura de cumplimiento normativo.

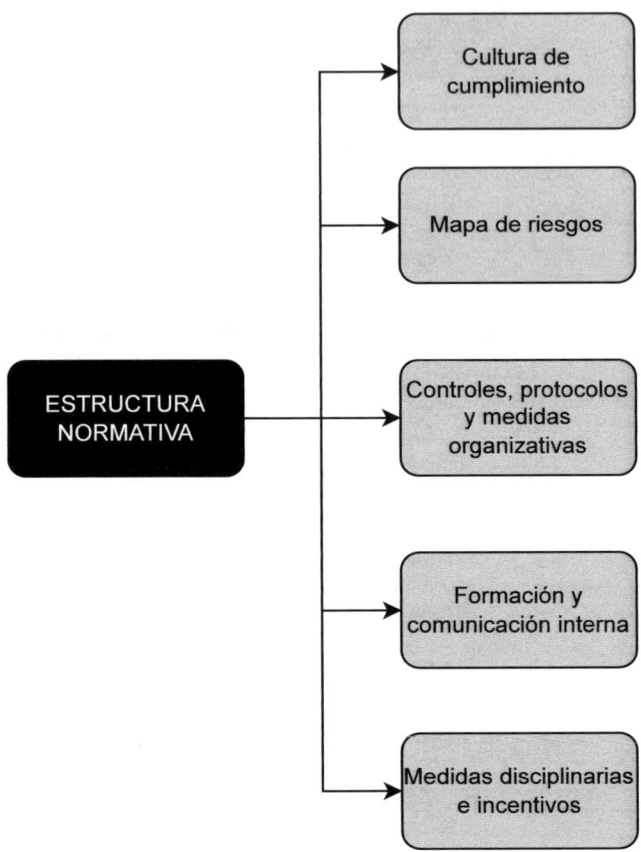

6.1. Políticas, normas y procedimientos

Uno de los elementos más relevantes del programa de *compliance*, son las **políticas internas de la entidad,** las cuales no dejan de ser un reflejo de la legislación que resulta aplicable a la empresa, así como disposiciones administrativas, combinadas con normas o protocolos internos que permiten homogeneizar todos los regímenes.

Hay que tener en cuenta que, el proceso de elaborar la política interna es un momento delicado, ya que, será cuando **dotemos a la entidad de una normativa interna que actuará de referencia y por tanto articulará cualquier procedimiento que se efectúe a nivel interno** en lo que respecta al *compliance*. En ese instante se condicionará la identificación de los riesgos, las actividades de formación y divulgación, y las medidas disciplinarias e incentivos.

A continuación, nos referiremos a la **estructura general** que deberá adaptarse a la realidad de cada empresa conforme a sus propias necesidades. En esta exposición nos centraremos en las medidas técnicas y organizativas que se refieren a la logística interna de la empresa. Sin embargo, debe precisarse que la enumeración que se recoge a continuación es meramente ejemplarizante, sin que suponga un *numerus clausus* de protocolos que deban ser tomados al pie de la letra.

Teniendo presente lo anterior enumeraremos diferentes conductas y protocolos a seguir a favor de una sumisión a la cultura del cumplimiento normativo:

- **Distribución de las funciones y actividades** entre el diferente personal y departamentos, de tal forma que se dividan eficazmente las labores, sin que los profesionales se solapen en las tareas.

- **Fijación de una estructura jerárquica clara y evidente,** de tal forma que cualquier empleado subordinado sea consciente de cuál es su rol y a quién acudir ante una circunstancia excepcional o en caso de duda.

- En cuanto a la protección de datos personales, **puede establecerse una «política de mesas limpias»**, por la cual se establezca que los escritorios deben estar libres de documentación que contenga datos personales susceptibles de traspapelarse, perderse o ser revelada al público no interesado. Esta recomendación es especialmente relevante con relación a los despachos abiertos al público.

- Establecer **políticas de acceso restringido a documentación,** de modo que exista un sistema de prioridades de acceso que debe ser respetado.

- Concienciación sobre el **archivo adecuado de la documentación,** así como la diligencia en el traslado de la misma y el almacenamiento en los medios adecuados para ello.

- Mantener las **distancias adecuadas con la Administración pública** de modo que no se pueda proyectar ningún tipo de complicidad.

- Implantar **sistemas de monitorización de los ordenadores del personal** subordinado, así como de su actividad informática y administrativa.

- Verificar **constantemente el trato recibido por el cliente,** tanto en las contestaciones que pueda recibir por correo electrónico o llamada, como el trato recibido en la atención presencial.

- Establecer y organizar **jornadas de formación,** tanto a nivel presencial como online, al objeto de concienciar sobre la cultura de cumplimiento normativo.

6.2. Código ético o código de conducta

Dentro del programa de *compliance* debe incluirse un **código ético que refleje la imagen que se desea que tenga la empresa** y por tanto que suponga un punto de referencia para todo el personal. El contenido de este código ético está delimitado por los principios éticos que guardan relación con los riesgos que se pretenden prevenir.

Para su elaboración es necesario conocer la situación de la empresa, así como los valores que inspiran su visión del mercado junto con sus aspiraciones corporativas. Por eso el código ético **debe ser particular de la empresa**, y no es posible instaurar uno común en varias empresas, porque en ese caso no se adaptaría a las circunstancias específicas de cada una, careciendo por tanto de valor. No se trata por tanto de copiar un decálogo ya confeccionado, sino que se trata de analizar la situación inicial de la empresa para proyectar su situación ideal futura y documentar protocolos para conseguirlo.

El documento debe elaborarse de tal forma que **sea comprensible para todos los empleados y para cualquier interesado externo**. Para ello se empleará una redacción concisa con un lenguaje claro y directo, que permita al lector comprender eficazmente el sentido del texto. El hecho de que resulte accesible para el personal interno es evidente, ya que son ellos los que tendrán que aplicarlo en busca de la excelencia ética de la entidad. Sin embargo, también debe ser accesible cualquier interesado externo que desee consultarlo pues constituye un valor añadido para la entidad el compartir con el mercado las líneas generales que inspiran los valores de la empresa. El **fin que se pretende es proporcionar una buena imagen corporativa** que mejore la reputación de la empresa, en conjunción con el compromiso interno de cumplir con cada punto de dicho programa. Todo ello se relaciona con la responsabilidad social corporativa, pues cualquier empresa debe prestar atención a esta institución al objeto de proyectar el compromiso que la empresa tiene con los valores de la sociedad en la que se encuentra enmarcada.

Lo anterior hace necesario que se elabore un **código ético factible, realista y consensuado con el personal** de la empresa. Esto supone que en el proceso de elaboración deben realizar entrevistas e intercambio de perspectivas entre el personal de la empresa. Con ello se logrará que el código recoja prescripciones que no sean imposibles de cumplir, al ser el resultado de una especie de negociación entre los trabajadores y la dirección. A través del consenso debe lograrse un código ético exigente en el cumplimiento de sus prescripciones, pero, a la vez, totalmente realizable y posible de cumplir. Hay que recordar que la idea no es frenar el ritmo de la empresa ni burocratizar en exceso las funciones y actividades del personal, sino optimizar las mismas y suplir todas las carencias o errores que se puedan cometer.

Finalmente, este código debe **percibirse como un documento vivo plenamente actualizable** ya que los valores de la entidad pueden variar por el devenir empresarial o pueden aparecer elementos nuevos que se deben tener en cuenta a la hora de incorporarlos al código ético. Así, todas las modificaciones deberán ser notificadas por un medio adecuado al personal de la empresa, con indicación de la fecha de la modificación y una breve descripción que explique el motivo por el que se produce dicho cambio.

Cuerpo del código ético

El contenido del código ético o de conducta **debe ser claro y conciso, dotado de una estructura ordenada y sencilla** para el interesado, cualquiera que sea el lector, pudiendo seguirse una estructura que comience con una introducción de la empresa, aludiendo a su misión, junto con los objetivos, visión y valores que dominan su dirección.

En otro apartado del código debe hacerse referencia a su **ámbito de aplicación** —societario, personal, relacional y geográfico— y el **objeto** de forma previa a hacer referencia a los **principios generales** en los que se fundamenta. Entre los principios generales de aplicación a todos los niveles de la empresa pueden recogerse: igualdad, libertad sindical, protección del menor, seguridad laboral, no corrupción, competencia justa, medio ambiente, prevención de blanqueo de capitales, propiedad intelectual, etc.

A continuación, debe proyectarse de modo concreto cuál es el **compromiso corporativo** de cara a los diferentes sectores integrantes de la empresa, como puede ser el personal laboral, clientes, proveedores y otros ámbitos de la compañía, como su huella en el mercado o en la sociedad.

También debe hacerse referencia a la existencia del **canal de denuncias** y el modo en el que se puede interactuar con el mismo, al igual que la existencia de un *compliance officer* o, en su caso de la persona o departamento que se encargaría de velar por el cumplimiento del código ético, con alusión a las formas de contacto y los deberes y funciones encomendados.

Para finalizar, se debe de incorporar un listado con los principales **deberes del personal de la entidad y de los directivos**, con alusión conjunta a las medidas disciplinarias que se pueden llegar a adoptar por cada incumplimiento, siempre que ello fuere posible.

Índice general de código ético

Para una mejor comprensión del contenido que debe tener el código ético expondremos, a modo ejemplificativo, un índice esquemático de los principales puntos que debería contener:

- Introducción.
- Misión y valores de la empresa.
- Objeto y ámbito de aplicación.
- Principios inspiradores.
- Compromisos corporativos.
  - Personal laboral.
  - Clientes.
  - Proveedores.
  - Sociedad.
- Canal de denuncias. Objeto y funcionamiento.
- *Compliance officer*. Estructura, funciones y contacto.
- Deberes y responsabilidades. Medidas disciplinarias.

7.
CÓMO DISEÑAR E IMPLEMENTAR UN SISTEMA DISCIPLINARIO

7.1. Diseño y características principales del sistema disciplinario

Todo programa de *compliance* debe contener un **sistema disciplinario que sea proporcional y adecuado a las necesidades de la empresa.** Es necesario documentar los deberes de los directivos, administradores, responsables y empleados al objeto de informar sobre cuál es el camino del cumplimiento por el que deben transcurrir en todo momento, siendo conscientes de cuáles son los márgenes que no deben traspasar.

Deben **implementarse listados de infracciones** con diferentes grados de gravedad, pudiendo calificar como las más graves las que sean constitutivas de delito y en los peldaños intermedios, las actuaciones que supongan un impedimento para el descubrimiento de las mismas o cualquier otro incumplimiento de algún deber interno específico que dificulte el conocimiento por el órgano de control.

Este sistema disciplinario no supone una novedad para las empresas, pues ya existen diferentes regímenes disciplinarios instaurados por medio de convenios colectivos o, en muchas ocasiones, por normas corporativas de aplicación interna. Por tanto, el sistema disciplinario ligado al programa de cumplimiento supondrá una ampliación del régimen disciplinario que se haya tomado de referencia, de modo que se complementará con aquel completando y personalizando aquellos aspectos más ligados a conductas anti-prevención de delitos y demás incumplimientos de normativa.

El **sistema disciplinario se proyectará sobre el personal laboral de la empresa y el personal de dirección,** entre el que incluimos a la administración y los responsables de áreas y departamentos correspondientes.

El fundamento de este tipo de sistemas se encuentra en la propia facultad disciplinaria o de dirección que la normativa otorga a las empresas. Ello es así como consecuencia de la necesidad de las empresas de mantener el orden y disciplina en la organización, en la medida en que existen diferentes niveles jerárquicos en la estructura de una sociedad.

En el documento donde se recoja el sistema disciplinario debe **constar los deberes y responsabilidades del personal de la entidad,** pudiendo agrupar los diferentes escenarios en supuestos más generales que faciliten su confección y otorguen cierta amplitud al escenario indicado.

En primer lugar, debe hacerse constar que cualquier acción del personal o decisión adoptada habrá de hacerse con base en el **principio de legalidad,** esto es, con respeto a la normativa vigente y a las normas internas que se hayan establecido —incluido el código ético y el sistema disciplinario—.

En segundo lugar, se debe aclarar que cualquier conducta o decisión tomada por un trabajador o un integrante de la dirección de la empresa debe ir guiada por la propia **ética empresarial,** así como la integridad y la transparencia, de tal forma que cualquier decisión que se adopte vaya precedida por una observancia de los principios mencionados. Esta observancia solo puede darse si se dan a conocer los mismos desde las altas esferas de la empresa, por lo que la labor de remisión del contenido del sistema disciplinario y la formación sobre el mismo es fundamental al objeto de que tengan virtualidad y posterior efectividad.

El tercer pilar sobre el que se sostiene el sistema disciplinario se trata del **canal de denuncias,** y es que todo sistema disciplinario tiene que tener ciertas vías que permitan detectar cualquier incumplimiento digno de ser sancionado. Así mismo, deberán incluirse medidas disciplinarias ante las personas que obvien la existencia del canal de denuncias y habiendo constatado la existencia de un incumplimiento omitan la denuncia del mismo.

El último pilar sobre el que asentar el sistema disciplinario es la **efectividad del mismo.** De nada sirve un sistema disciplinario que solo existe sobre el papel y que en el momento de ponerlo en práctica no tenga efectividad, o que no se haya tenido en cuenta la verdadera estructura de la empresa y no se antoje proporcional a la realidad de la misma.

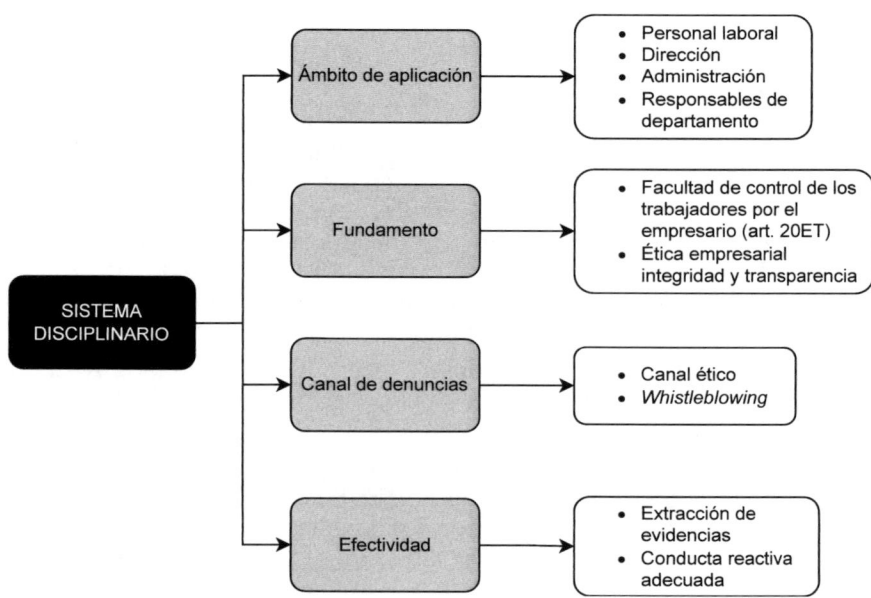

7.2. Funcionamiento del sistema disciplinario de la empresa

Si la implantación del sistema disciplinario ha sido la adecuada **la maquinaria debe activarse con la comisión de una conducta que incumpla la normativa** o que suponga un ilícito penal. La activación debe ir precedida de un indicador de la existencia de la contravención, los cuales pueden ser de varios tipos:

– Queja de un cliente.

– Auditoría externa.

– Denuncia anónima a través del canal de denuncias.

– Revisión rutinaria por parte del *compliance officer.*

Por cualquiera de los anteriores canales puede tenerse conocimiento de una conducta que revista sospechas de no ser tendente al cumplimiento normativo, en cualquier caso, deberá comunicarse al departamento responsable —administración o *compliance officer*—. Cuando el indicador no es suficiente para activar el sistema disciplinario, bien porque carezca de fundamento o entidad suficiente como para ser considerado un incumplimiento reseñable, se debe desechar y anotar la fecha en la que se procedió a la misma, las razones, y, en caso de que proceda por la naturaleza del canal que se haya empleado para la puesta en conocimiento, se debe dar respuesta al autor de la alerta indicando la no procedencia de su denuncia.

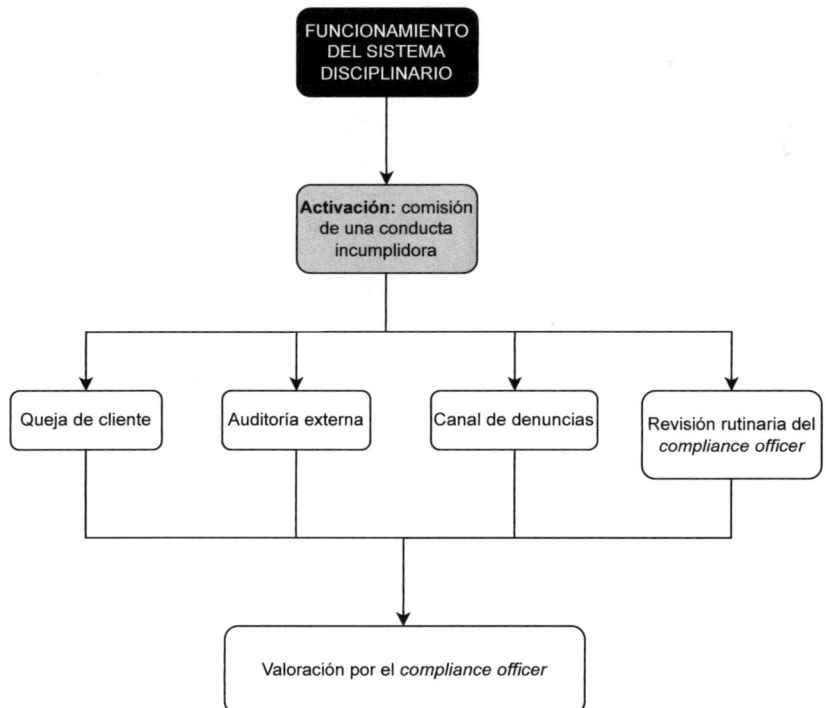

Atendiendo a las denuncias que sí tengan suficiente fundamento para iniciar el procedimiento disciplinario, el siguiente paso será **iniciar una instrucción** o investigación del supuesto por parte del *compliance officer* o departamento interno que tenga la competencia centralizada de encargarse de estos asuntos. En el caso de pequeñas empresas es posible centrar esta labor en el departamento de administración.

El hecho de que deba existir un departamento o persona encargada de estas tareas no impide que la **fase de instrucción se pueda externalizar**, total o parcialmente, en alguna otra entidad que disponga de mayores recursos para realizar un análisis adecuado. Y ello es así debido a que debe investigarse el origen de la conducta incumplidora en todos sus extremos, incluidas terceras personas que pueda estar involucradas en la conducta, así como las esferas económicas, familiares, o sociales del sujeto al que se le imputa el incumplimiento.

> **A TENER EN CUENTA**. De la investigación deberá excluirse la vida íntima o la que transcurra en el domicilio familiar del sujeto al que se le imputa el incumplimiento.

En algunos casos debido al tamaño de la empresa o circunstancias concretas del incumplimiento, se puede prescindir de la fase de instrucción al no ser necesaria tal profundidad en la investigación,

Una vez documentada toda la investigación se debe proceder a realizar una **comunicación personal con el presunto autor** de la conducta incumplidor. En función del tamaño de la empresa esta podrá realizarse por medio de una entrevista personal o a través de videoconferencia, por ejemplo. Lo importa en esta fase es que se le exponga al presunto autor de modo claro y ordenado el informe de la investigación y con ello darle la posibilidad de explicarse y aclarar los puntos que estime necesarios. En este punto puede incluirse contactos con otros trabajadores que puedan reforzar la versión del implicado o cualesquiera otras partes que puedan tener algún tipo de relación con el asunto.

De esta fase **se extraerán unas conclusiones**, que podrán ser elaboradas por la misma persona que se ha encargado de la instrucción o investigación preliminar. Estas conclusiones deben quedar documentadas de modo claro, ordenado y preciso. Ello es así debido a que se elevarán las mismas, junto con el resto de documentación que contenga el asunto, al departamento o comité que se haya creado para resolver las propuestas de medidas disciplinarias.

> **A TENER EN CUENTA.** La existencia de este órgano concreto en las pequeñas empresas puede suponer una traba logística, por lo que se podría delegar esta función en el departamento laboral de la entidad o en un representante de la dirección de la empresa.

En este último paso se comprobará si es posible desautorizar los argumentos expuestos en las entrevistas con el afectado y si, en definitiva, se ha producido tal incumplimiento. En caso de que **se constate el incumplimiento** se debe proceder a **fijar la medida disciplinaria** que corresponda conforme al código ético de la entidad y siempre de forma proporcional a la infracción. Para la determinación de la medida disciplinaria adecuada, es conveniente que la empresa disponga de una guía orientativa acerca de la medida que debe imponerse en función de la gravedad del incumplimiento.

A modo orientativo se aporta una tabla con las posibles sanciones a imponer según la naturaleza de la infracción:

Falta muy grave	Falta grave	Falta leve
Suspensión de empleo y sueldo de 16 a 60 días	Amonestación por escrito	Amonestación verbal
Inhabilitación temporal para el ascenso por un período de hasta tres años	Suspensión de empleo y sueldo de 3 a 15 días	Amonestación por escrito
Despido disciplinario		Suspensión de empleo y sueldo de hasta 2 días

8.
EL MAPA DE RIESGOS

La primera actuación que debe realizar una empresa que pretende implantar un programa de *compliance* es la de **analizar su estructura, necesidades y, en concreto, los riesgos asociados** a sus actividades.

Para realizar esta tarea es necesaria una herramienta en virtud de la cual se pueda acreditar documentalmente una imagen fiel de la empresa con relación a sus vulnerabilidades y riesgos, esta herramienta es lo que denominamos: **mapa de riesgos**. Es de vital importancia para lograr un buen programa de *compliance* la delimitación de los diferentes riesgos a los que está sometida la entidad con el objeto de facilitar su posterior análisis, evaluación y tratamiento.

Debe tenerse claro que el mapa de riesgos tiene que contener una relación de cualquier tipo de infracción o incumplimiento en el que puede incurrir la empresa puestos en relación con la actividad o sector interno en los que dichos riesgos puedan materializarse. En una primera relación se deben incorporar aquellas personas integradas en la empresa que puedan tener relación con la materialización de dichos riesgos, así como el resultado de la evaluación y medición de cada riesgo por separado, al objeto de valorar su frecuencia e intensidad de materialización o impacto en la empresa.

El mapa de riesgos debe configurarse como una **herramienta proactiva en constante actualización y corrección** si fuese necesario. Debe ser un documento sobre el cual el *compliance officer* pueda elaborar estadísticas cada cierto tiempo, así como actualizar los valores asignados a los riesgos o asignar nuevos riesgos que puedan detectarse por el devenir de la actividad empresarial.

> **CUESTIÓN**
>
> **¿Qué podemos entender por riesgo?**
>
> Podemos entender el riesgo como el efecto que produce la incertidumbre que pesa sobre la consecución de unos determinados objetivos.

Notas preliminares y confección del contexto del riesgo

El marco de referencia para la creación de un mapa de riesgo es la norma UNE-ISO 31000:2018, la cual recoge una serie de conceptos básicos con los que es necesario familiarizarse y que constituyen las diferentes fases por las que debe transcurrir cualquier proceso de elaboración de un mapa de riesgos:

– Determinación del contexto.

– Identificación de los riesgos.

– Análisis de los riesgos.

– Evaluación de los riesgos.

– Tratamiento final del riesgo existente.

Determinación del contexto

El primer paso es poseer un conocimiento total de la empresa a la que debemos enfrentarnos, incluyendo el negocio en el que se desarrolla, el personal y la propia infraestructura. Es por esta razón por la que el *compliance officer* debe estar constantemente conectado y consultado por el propio personal de la empresa, tanto personal directivo como subordinado, pues son realmente los sujetos que pueden apuntalar un buen comienzo de una confección del mapa de riesgo.

En este sentido, es importante identificar una serie de factores que ayudarán en esta labor, a saber:

|| El objeto social y productos o servicios que la empresa comercializa

No es posible confeccionar un buen mapa de riesgos si no se tiene conocimiento del objeto social de la empresa y el producto o servicio que la misma ofrece en el mercado.

Por ejemplo, es evidente que las necesidades de una empresa de comercio *online* no será la misma que aquella que disponga de un establecimiento abierto al público o que, en otro caso, combine ambas posibilidades de venta.

|| Tipología de infraestructura que dispone la empresa

Conectado con el punto anterior, es preciso conocer la infraestructura que maneja la empresa. Con ello nos referimos, por ejemplo, a los canales de distribución que puedan utilizar en sus productos. Así, siguiendo el ejemplo del apartado anterior, poner un producto a la venta en una página web con métodos de pago online en los que se recaben métodos de manera telemática datos bancarios y demás datos identificativos reviste unos riesgos que no existen en caso de que el canal de distribución o de puesta a disposición del producto sea presencial, donde se minimizaría el impacto sobre el derecho a la protección de datos del consumidor, por ejemplo.

|| Zona geográfica de influencia

Conocer la zona de actuación del negocio de la empresa es fundamental por múltiples razones, pero sobre todo para conocer el volumen de sujetos sobre el que se opera y, en sentido proporcional, el volumen de riesgos que puedan materializarse.

En efecto si estamos ante una pyme que opera únicamente con clientes del municipio el foco de riesgo se circunscribe a dicho territorio. Sin embargo, si estamos ante una pyme que cuenta con una cuenta de venta online, los posibles riesgos que lleve intrínseca la empresa tienen una mayor probabilidad de impacto al existir una mayor escala de individuos sobre los que opera y recae el negocio.

Distribución interna y externa de las partes que operan con la empresa

Es importante conocer las partes que toman contacto con la estructura empresarial, tanto a nivel laboral como a nivel clientes y proveedores. Es evidente que no tiene la misma estructura una empresa que tenga 500 empleados y una que tenga 5. Al igual que no es lo mismo que la cartera de clientes de la sociedad sea amplia o escueta, o que el potencial cliente tipo pueda incluir a menores o personas con discapacidad.

Este será uno de los factores más importantes a la hora de elaborar el mapa de riesgos, pues a nivel interno será necesario implantar una cultura de cumplimiento por medio de la formación de los empleados y a nivel externo se deben establecer los procedimientos para la toma de decisiones.

Factores de riesgo generales

Teniendo en cuenta los condicionantes que ya hemos expuesto, a continuación, se debe establecer los riesgos genéricos en los que puede verse envuelta la sociedad. Con relación a estos riesgos, es completamente normal que se compartan con otras entidades del mismo tipo de negocio.

Cuando hablamos de riesgos generales nos referimos a riesgos tales como medioambientales, riesgos asociados a la protección de datos de carácter personal, de tipo penal o riesgos laborales. Todas estas categorías pueden contener diversos tipos de riesgo concretos que se analizarán más adelante.

Organización de los mandos de la sociedad y demás órganos involucrados en la toma de decisiones

La incorporación de un programa de cumplimiento debe realizarse en torno a una estructura piramidal, de arriba hacia abajo. Primero debe identificarse y entender los procesos en la toma de decisiones provenientes de los mandos de la empresa para posteriormente canalizarlas a través de una cultura de cumplimiento.

Conocimiento del contexto legal

Es evidente que para lograr el cumplimiento normativo por parte de la empresa y de los sujetos relacionados, es esencial conocer qué normas son de aplicación a la entidad. Las normas aplicables pueden variar en función del tipo de sociedad, actividad que realiza o el canal de distribución de productos que utilice.

Por ello es importante que el *compliance officer* encargado de realizar el mapa de riesgos tenga conocimientos legales. Además, este es un buen momento para discernir si la entidad necesita algún certificado concreto del que no disponga o, en su defecto, si tiene margen de implementación de ciertos certificados de calidad que puedan favorecer su imagen cultura de cumplimiento.

También es relevante tener conocimiento de las propias normas internas de la entidad, esto es, de cualquier política interna o procedimiento, incluido un código de conducta, si existe. Aunque no se encuentre documentado, cualquier empresa tiene un método organizado para la consecución de ciertos objetivos o prácticas desde la protección de datos hasta políticas de higiene. La idea es que el *compliance officer* sepa documentar tales políticas internas e incluso crear un código de conducta adecuado a la imagen fiel de la entidad, en el que incardine todas las políticas.

‖ Delimitación de la actuación del programa de *compliance*

La implantación de un programa de prevención de delitos es una buena ocasión para implementar un *corporate compliance* que satisfaga todas las necesidades de la empresa. Es por ello que en el contexto de elaboración del mapa de riesgo debería prestarse atención a todas las áreas que necesitan un programa de cumplimiento y prevención, a la hora de delimitar los aspectos concretos que se van a canalizar a través del mencionado programa y de la cultura de cumplimiento.

Identificación de riesgos

El siguiente paso es identificar los riesgos, esto consiste en un **listado exhaustivo y completo con todos los detalles de los acontecimientos que se pueden dar dentro de la entidad y que, en caso de que así fuera, supondrían un impacto económico, reputacional y financiero** para la empresa.

Siguiendo el criterio de determinado en las normas ISO 31000 y 31010 el procedimiento de identificación del riesgo supone la búsqueda, reconocimiento y descripción de los riesgos existentes en la persona jurídica concreta, debiendo registrarse al objeto de llevar a cabo una compilación relacionada de los mismos. La finalidad de esta fase será identificar las causas del riesgo que se identifique y las consecuencias de la materialización de dicho riesgo, dicho de otro modo, la cuantificación del impacto que pueda causar el incumplimiento.

A TENER EN CUENTA. La tarea de identificación de los riesgos supone una actividad dinámica en constante actualización, nunca una imagen fija de la empresa. De nada servirá tener un mapa de riesgos que se haya elaborado con demasiada antigüedad si los riesgos que se encuentran relacionados en el mismo no se han actualizado desde entonces.

Para llevar a cabo esta tarea de identificación surgen múltiples cuestiones sobre cómo ponerla en práctica, por dónde empezar la identificación, cómo llevarla a cabo, qué información se debe poseer o consultar y la metodología práctica que debe utilizarse. Estas preguntas son la columna vertebral de este procedimiento y es fundamental que el encargado de confeccionar esta identificación responda a cada una de ellas valiéndose de toda la información posible. Para ello es necesario el contacto constante con todo el personal de la empresa, no solo de la alta dirección, sino de otros departamentos subordinados, al objeto de poseer todos los datos necesarios.

CUESTIÓN

¿Qué medios pueden usarse para mantener el contacto con todos los empleados?

Debemos tener en cuenta las condiciones de la empresa ya que si estamos ante una pyme el personal será, por lo general, reducido, pero podemos encontrarnos con estructuras más complejas o con un mayor número de empleados. Existen múltiples medios para mantener el contacto con el personal, a título ejemplificativo podemos señalar:

– Remisión de cuestionarios.

– Entrevistas presenciales o telemáticas con el personal.

– Entrevistas con asesores externos, auditores o proveedores de la empresa.

Resulta especialmente relevante que cualquier contacto que se mantenga con el personal de la entidad se pueda documentar en un soporte accesible al objeto de que el *compliance officer* o el encargado de llevar a cabo esta labor pueda consultarlo cuantas veces lo necesite. Por ejemplo, si se realizan cuestionarios o informes de auditoría externa sería conveniente remitirle una copia, en caso de las entrevistas que las mismas se graben —preferiblemente sólo el audio, al objeto de minimizar el impacto en el manejo de datos personales—.

Teniendo en cuenta lo expuesto y con la advertencia de que cada empresa tiene sus propias circunstancias, es posible establecer una relación de diferentes escenarios que pueden suponer un riesgo para cualquier empresa y que, sobre todo, pueda suponer una guía práctica para cualquier interesado en iniciar un procedimiento de identificación de riesgos.

‖ Escenarios ligados a la actividad de la empresa

– Debe identificarse la necesidad de contar con diferentes certificados que sean exigibles legalmente para llevar a cabo la actividad. Incluso puede aprovecharse para conseguir otro tipo de certificaciones de calidad o alternativas que supongan una ventaja competitiva.

– Identificar la necesidad de registrar públicamente algún alto cargo o asesor externo por razón de la labor que realiza. Un ejemplo es la figura del delegado de protección de datos que debe constar inscrito su nombramiento en el registro público que dispone la AEPD.

– Valorar si la empresa se adecua a la normativa vigente que afecta a su actividad empresarial y con mayor importancia, si dispone de los medios necesarios para adelantarse a su aplicación o, en su defecto, para adoptar las nuevas medidas a la mayor brevedad.

– Acreditar que el personal externo, como los proveedores, o colaboradores autónomos, cumple la normativa aplicable. Uno de los modos más eficaces es mediante la celebración de «contratos de garantías de cumplimiento» en los que se exija la presentación de ciertas evidencias que puedan probar sobradamente que dicha entidad externa cumple con la normativa.

– En el ámbito del personal laboral, se debe comprobar cómo es la metodología seguida en los procesos de contratación y selección del personal. Se debe comprobar si se atienden a principios éticos y que no entren en colisión con la igualdad, la diversidad y la no discriminación. Asimismo, se debe comprobar si dentro de la entidad cada empleado tiene designada una función concreta de tal forma que las tareas no se solapen, logrando con ello que el programa de *compliance* no solo proteja a la empresa de posibles incumplimientos, sino que dote a la empresa de una mejor y más eficiente organización.

– Un aspecto relevante a tener en cuenta es el relativo a la contratación pública. En el caso de que sea habitual que la empresa participe en procesos de contratación pública, deben identificarse aquellas coyunturas o escenarios que la normativa impone como causas de exclusión de dicho procedimiento.

– Debe identificarse la metodología a través de la cual se producen los pagos por parte de los clientes de la empresa, así como los cobros emitidos a los proveedores y demás personal externo que entre en contacto con la empresa. Con esta labor se puede localizar los riesgos inherentes a las operaciones de pago.

|| Escenarios ligados al propio servicio o producto

Lógicamente, los riesgos identificados en este punto serán diferentes en todas las empresas, pues los productos puestos en circulación no van a ser los mismos. Sin embargo, la relación de escenarios a identificar que se recoge a continuación puede ser tomada de referencia. Así debe prestarse atención a los siguientes escenarios:

– En el momento en el que se pone un servicio o producto de la empresa en el mercado, se debe poner a disposición de los clientes toda la información necesaria sobre el mismo y para ello el personal de la empresa debe tener un conocimiento en profundidad. Es importante comprobar que se está prestando un buen servicio al cliente en este punto, tanto antes como después de la contratación, ya que una mala praxis puede suponer futuras quejas del cliente o directamente un bajo nivel de ventas.

– Se debe comprobar el plano publicitario de la entidad, entendiendo la publicidad en sentido amplio. Esto es, todos los aspectos relacionados con la promoción y marketing de la sociedad que deben cumplir con la normativa vigente en la materia y no deben suponer imitaciones o engaños al consumidor.

> **A TENER EN CUENTA.** Lo habitual en el ámbito de las pymes es aprovechar las potencialidades que ofrecen las redes sociales al objeto de dar promoción a la empresa. Esta ha de ser el primer ámbito en ser comprobado en busca de algún tipo de irregularidad, especialmente atendiendo al aspecto del engaño a través de listados de opiniones que puedan resultar falsas.

- Otro aspecto relevante que hay que tener en cuenta es el canal de sugerencias o de quejas y reclamaciones que debe tener habilitado la empresa. Debe identificarse si existe el canal y, en caso contrario, instalarlo en el seno de la empresa. Una vez hecho esto, se deben dispensar todas las instrucciones adecuadas sobre cómo atender adecuadamente las quejas o sugerencias vertidas en el canal, procurando responder a todas las que se planteen, debiendo dar una respuesta eficaz y no meramente formal a lo que planteen los consumidores.

- Un aspecto especialmente relevante es el que tiene que ver con el manejo de datos de carácter personal asociados al producto o servicio ofrecido, se debe garantizar que se cumplen las medidas técnicas y organizativas necesarias para brindar toda la seguridad que la información recopilada necesita.

|| Escenarios ligados a las zonas geográficas de influencia

Aunque no resulte muy evidente el riesgo que pueda ir asociado a este tipo de escenarios, suele vincularse a empresas con negocios en países asociados al blanqueo de capitales o paraísos fiscales. A estos efectos se deben identificar las relaciones comerciales que tiene la empresa con terceros países, al objeto de elaborar una relación de aquellos en los que existan sospechas de que acobijan las prácticas antes reseñadas.

Asimismo, deben tener en cuenta aquellos países en los que exista algún tipo de conflicto armado o terrorista o estén bajo observación internacional a través de diferentes sanciones comerciales. Y ello debido a que, si la empresa analizada comercia en este tipo de territorios, el riesgo de que dicho negocio encubra operaciones de marcada ilegalidad y reprochabilidad es muy alto y es labor de este identificador el remarcarlo considerablemente.

|| Escenarios de conducta interna

En este caso deben identificarse los riesgos que tiene que ver con las conductas conflictivas que se den en el seno de la empresa o, mejor dicho, con las normas de conducta que puedan estar implementadas. Así los diferentes escenarios en los que es posible identificar estos riesgos:

- El más habitual y genérico es el relacionado con la existencia de conflictos de intereses entre las diferentes jerarquías que componen la empresa, el hecho de que existan este tipo de escenarios supone la aparición de un foco de riesgo de presiones internas, errores voluntarios e incluso faltas de respeto dentro de la empresa.

– El uso que debe darse de los equipos informáticos y demás soportes destinados a procesar información que proporciona la empresa debiendo destinarse estos con fines exclusivamente profesionales. Otro uso distinto sería un uso incompatible que puede generar riesgos.

– Debe abordarse también el riesgo que suponen los regalos o donaciones descontroladas e incluso las propias vinculaciones que tenga la administración o el resto de personal laboral con la Administración pública. Incluso aceptar algún tipo de invitación preveniente de un proveedor debe ser tenido en cuenta para la identificación del riesgo asociado a este tipo de prácticas. Si se identifica este escenario debe anotarse el foco de riesgo tendente al favorecimiento de concesiones públicas, presiones y fraude interno.

– En caso de que se compruebe que no existe ningún tipo de canal interno de denuncias debe documentarse un amplio abanico de riesgos. Ello es así, porque la inexistencia de canal de denuncias supone la imposibilidad de denunciar situaciones irregulares y en consecuencia decrece la posibilidad de que se produzca algún tipo de alerta sobre estas conductas.

– Comprobar si los registros de información financiera, contable y económica refleja la imagen fiel de la empresa si, existe algún tipo de mecanismo de control que pueda verificar que esto sea así y denunciar cualquier irregularidad.

Análisis de riesgos

Una vez se haya concluido la identificación de los riesgos con su correspondiente documentación, debe procederse a analizar los mismos. Esta es una labor delicada y reflexiva cuya finalidad es otorgar una valoración o evaluación de los riesgos localizados.

Podemos definir el análisis de riesgos como la **relación entre los focos de riesgo** —la causa o el origen del riesgo—, **la gravedad o impacto que generaría su materialización y la probabilidad de que esto acabe produciéndose en el seno de la empresa**. Puede decirse que el análisis del riesgo responde a la ecuación en la que el riesgo equivale a la probabilidad por el impacto del mismo.

El primer elemento que debemos señalar es el que hace referencia al **riesgo inherente** que haya sido identificado. Es decir, los escenarios de riesgo identificados hacen referencia al riesgo intrínseco a la propia actividad de la que se desprende o, dicho de otro modo, al riesgo que resulta con anterioridad al tratamiento o intento de control del mismo; el que se ha identificado con carácter previo a la implantación de cualquier tipo de medida o control diseñado para su prevención.

De la ecuación señalada se relacionan dos parámetros que tienen fácil comprensión. Por un lado, el **impacto** se refiere al conjunto de consecuencias que tendría el evento dañoso —riesgo inherente— en caso de que se acabase materializando y, por otro, la **probabilidad** es la frecuencia con la que teóricamente se podría llegar a producir el riesgo al no haber controles que la mitiguen. Es importante resaltar el hecho de que la probabilidad se mide en términos puramente teóricos, sin tener en cuenta nada más que la propia contextualización de la empresa realizada en un primer momento y el evento dañoso en sí mismo, pues cuantificar dicho parámetro es un paso previo a la medición del riesgo residual que calculará en un momento posterior.

Con relación a la metodología adecuada para llevar a la práctica la ecuación señalada, debemos señalar que no existe una única metodología definida a conciencia en una norma ISO, pudiendo optar por algunos factores según las necesidades del propio *compliance officer* o empresa afectada.

En este sentido señalaremos una propuesta metodológica centrada en tres posibles métodos calificativos:

- **Análisis cualitativo**: se utilizará escalas de carácter meramente descriptivo, sin referencia numérica alguna.

- **Análisis cuantitativo**: se emplean exclusivamente valores numéricos concretos.

- **Análisis mixto**: se emplearán referencias numéricas concretas en conjunción con valores descriptivos claros.

De estas tres opciones, siempre que el contexto del análisis lo permitiera, lo más recomendable es hacer uso de la tercera, pues ello proporcionaría una imagen más gráfica y completa de la situación de eventos dañosos que pueden darse en la empresa, con una referencia breve pero concisa de la escala asignada a cada riesgo y sus consecuencias.

Aplicando la anterior recomendación a la práctica del análisis de riesgos, comenzando por la medida de la probabilidad, es aconsejable utilizar una escala más bien escueta si nos orientamos a las pymes o microempresas, pues una escala con muchos valores posibles supondría una confusión que restaría claridad al proceso y devendría en una burocracia innecesaria para el objetivo propuesto. De este modo, es preferible **agrupar la probabilidad en una escala** que contemple los siguientes valores de grado más bajo a más alto:

- **Improbable**: escenarios de riesgo que podrían aparecer en la empresa, pero de modo muy remoto; muy difícilmente se materializarían de acuerdo con la realidad que presente la empresa.

- **Probable**: los escenarios de riesgo podrían aparecer en la empresa con más asiduidad que los anteriores, aunque no se trata de riesgos que estén presentes en el devenir común de la empresa; no se reproducen situaciones dañosas en el día a día de la empresa, pudiendo fijarse una frecuencia concreta —la frecuencia deberá ser valorada por el *compliance officer,* aunque un lapso de seis a ocho meses debería tomarse como referencia a efectos idóneos—.

- **Altamente probable**: hace referencia a escenarios de riesgo que pueden ser habituales en la empresa, sin necesidad de pensar en situaciones exageradas o excepcionales.

Por lo que se refiere al impacto, es recomendable hallar una escala igualmente escueta que facilite la valoración de la gravedad de cuantas consecuencias se puedan desprender de un escenario dañoso materializado. Así, es recomendable **agrupar los rangos de impacto** en la siguiente escala, basada en la valoración que realiza el código penal sobre los delitos y su gravedad aplicable a los eventos dañosos, igualmente listada de menor a mayor gravedad:

– **Bajo**: impacto muy leve en la empresa que únicamente tendría consecuencias de tipo económico —multas o sanciones— sin mayor importancia y desde luego, implicaciones penales o cierre de negocio.

– **Alto**: se trata de un impacto más agravado que el anterior, aunque tampoco conlleve la disolución de la empresa o un reproche penal reseñable, puede suponer un perjuicio agravado para la empresa por resultar un incumplimiento de diversa normativa aplicable.

– **Grave**: se trata del impacto más pernicioso para la empresa, ligado a reproches penales de señalada entidad que puedan conllevar el cierre de la empresa, tanto temporal como definitivo.

De las diferentes combinaciones entre probabilidad e impacto se arroja el resultado que identificara el nivel de riesgo inherente. Así con idéntico criterio que, con los anteriores factores, podremos identificar **tres rangos de riesgo inherente**, que presentado de menor a mayor rango son:

– **Escaso**: en este nivel se englobarían todos aquellos riesgos inherentes que llevan aparejada una baja probabilidad de materialización que no superaría el nivel medio del mapa de riesgos.

– **Notorio**: se englobarían aquí los riesgos inherentes que se enmarcan en el campo transversal del mapa de riesgos de modo que supone que hay que prestar especial atención a su evolución.

– **Grave**: este último rango sería el más alto en la escala y englobaría aquellos escenarios de riesgo inherente con alta probabilidad de materialización que conlleven un alto nivel de impacto para la empresa.

Matriz de cálculo de riesgo inherente

PROBABILIDAD			
Altamente probable	Notorio	Grave	Grave
Probable	Escaso	Notorio	Grave
Improbable	Escaso	Escaso	Notorio
	Bajo	Alto	Grave

IMPACTO

A la hora de calificar el evento dañoso se debe adoptar índices consolidados que nos sirvan de referencia, pero se deben incluir todas aquellas consecuencias que se produzcan un perjuicio que en principio no es cuantificable.

Con ello hacemos referencia al impacto reputacional que podría sufrir la empresa. En efecto, la calificación en uno u otro rango dependerá del nivel de exposición al que esté sometido la empresa, una pequeña empresa que no tenga presencia *online*, por ejemplo, no tendrá el mismo impacto mediático que otra que sí se maneje en el ámbito electrónico, aunque la consecuencia cuantificable sea menor.

Todo este procedimiento debe estar documentado en todo momento, con todos los pasos y las referencias de las valoraciones que se realicen. Es más, en atención al criterio de análisis mixto, lo idóneo sería que este documento se encuentre lo más personalizado posible. Con esto nos referimos a la idoneidad de combinar en un mismo organigrama o listado el conjunto de riesgos identificados en una primera fase junto con la probabilidad e impacto que llevan asociados —análisis de riesgo— y los detalles del departamento o individuos que puedan ser responsables de la materialización de dicho evento dañoso, junto con la fecha en la que se ha incluido en el listado. Este último punto goza de especial relevancia a efectos de las posteriores revisiones y actualizaciones que deberán realizarse sobre ese documento a efectos de mantener la imagen fiel de la entidad y una postura claramente proactiva sobre el cumplimiento normativo.

Controles y evaluación de riesgos

Lo que se debe realizar en esta fase es una comparación entre los resultados que arroje el análisis de riesgos realizado con los criterios de asunción de riesgo que se dispongan para la empresa. A través de esta labor se determinará qué escenarios dañosos podrán ser asumidos por la empresa (riesgo residual), aplicando los controles para ello, y cuales en ningún caso pueden ser tolerables.

Esto es relevante ya que son estos controles los que se van a encargar de atenuar y evitar la consecución del evento dañoso que se pretende evitar, aunque se convendrá que estas medidas preventivas no siempre tendrán éxito a efectos de evitar el evento dañoso, pues existen múltiples controles posibles a la actividad de la empresa. El tipo de control que debe realizarse dependerá de las necesidades y del objetivo perseguido por la empresa, pudiendo hablar de tres grandes grupos de controles:

- Controles preventivos.
- Controles correctivos o reactivos.
- Controles detectivos.

a) Controles preventivos

Están diseñados con el objetivo de eliminar las causas del riesgo o evento dañoso para prevenir que acabe materializándose. Estamos hablando de controles que se implantan en la empresa con anterioridad a una futura o potencial materialización del riesgo, por lo que no son idóneos para cualquier tipo de situación, sólo para aquellas que puedan ser tratadas con anterioridad a que se desencadene un fallo del sistema o un evento dañoso del procedimiento.

Existen numerosos controles de tipo preventivo, desde políticas y procedimientos generales, pasando por controles organizativos o de procesos, pero a efectos generales podemos mencionar algunos ejemplos concretos:

- Implantación de un *software* de seguridad de la información que impida accesos no autorizados al sistema.

- Formación del personal en políticas y procedimientos de seguridad que deben seguirse en la empresa.

- Control de procesos de trabajo, teniendo la posibilidad de monitorizar la actividad de cada usuario de la empresa y con ello comprobar cualquier anomalía o irregularidad cometida en su actividad.

b) Controles correctivos o reactivos

La diferencia sustancial con los anteriores es el momento para el que está diseñado el despliegue de sus efectos. Así en este caso será con efecto posterior a la materialización del riesgo cuando se aplicarán los controles correctivos. Estos controles están diseñados para evitar una propagación de impacto negativo en el seno de la empresa, aprovechando la materialización del riesgo para apuntalar la cultura de cumplimiento de la entidad.

Este tipo de controles pueden implantarse en la empresa partiendo de dos ópticas diferentes:

- Óptica disciplinaria.

- Óptica estimulante o de incentivos.

La elección de uno u otro dependerá del incumplimiento cometido y del tipo de estructura organizativa de la empresa. Lo más aconsejable es adoptar las medidas disciplinarias con carácter exclusivo a los incumplimientos detectados y adoptar incentivos para cualquier trabajador de la empresa que cumpla con el programa.

Con relación a las medidas disciplinarias, las mismas, deben adherirse a un código o normativa interna de la empresa que haya sido difundida, al objeto de concienciar al personal sobre la posibilidad de imputarle alguna de las sanciones previstas para el caso de incumplimiento. Esta labor de difusión y concienciación normalmente produce un efecto disuasorio que eleva la efectividad de cualquier plan de formación a su máximo exponente.

Por otro lado, en lo referente a la óptica estimulante, entre los incentivos que pueden implementarse pueden consistir en pluses o variables en el salario, devolver el impacto positivo que tiene la conducta del trabajador en la empresa a través de premios en especie o guiños morales a su conducta.

c) Controles detectivos

Estos controles tienen cierta identidad con los anteriores ya que también están diseñados para el manejo del evento dañoso una vez que se ha materializado el riesgo. La diferencia entre ellos tiene que ver con que las medidas detectivas despliegan sus efectos en un momento inmediatamente posterior al evento dañoso, de modo que sirven para corregir el evento dañoso desde el primer momento, no para revertir situaciones futuras dando ejemplo o imponiendo medidas disciplinarias.

Como principales ejemplos de medidas de control detectivo podemos mencionar:

- Implantación de indicadores del acceso no autorizado por parte de un tercero. Esto supone la implantación de un software que tenga incorporado un sistema de alertas ante accesos no autorizados al sistema de información, ya sea por parte de un tercero ajeno a la empresa o de un usuario del sistema que no tenga permisos para acceder a dicha información.

- Planificación y ejecución de auditorías, las cuales pueden ser realizadas a nivel interno o externo. Lo aconsejable es que se realice a nivel externo, pues la óptica que se tiene de la entidad liberado de presiones internas arrojará un resultado mucho más fiable que la realizada por personal interno de la empresa. Esta actuación debe ser realizarse cada cierto tiempo siendo recomendable cada seis u ocho meses.

- Canal de denuncias o de otro tipo de quejas o reclamaciones de los clientes de la entidad. Estos medios permiten conocer las malas prácticas que se deriven de las actividades de la empresa. En este caso, mientras el canal de denuncias tiene una proyección únicamente interna, el canal de quejas y sugerencias tiene proyección externa, siendo los clientes y consumidores de servicios de la empresa los que pueden activar la alarma de incumplimiento.

En definitiva, se podría decir que los controles detectivos son el punto intermedio entre los preventivos y los correctivos, de modo que un buen mapa de riesgos debe contar con los tres modelos para no presentarse como insuficiente o inefectivo.

En lo referente a la **frecuencia de cada control** es posible enfocarlos desde varias perspectivas temporales, resultando suficiente sintetizarlas en tres opciones:

- **Constantes**: cuando se enmarque de modo paralelo en cualquier proceso o actividad.

- **Periódicos**: cuando se realice de un modo programada cada cierto tiempo o cada cierto número de procesos o actividades realizadas dentro de la empresa.

- **Ocasionales o residuales**: cuando se realice de modo puntual en un proceso, sin que se trate de un control asiduo o común.

Una vez que se hayan implementado los controles necesarios y se les haya asignado una frecuencia acorde al objetivo que se desee, relacionado estos dos factores podemos valorar la efectividad que puede desprenderse del control concreto. Para esta tarea es necesario que el *compliance officer* o el encargado de la evaluación de los riesgos disponga del listado completo de los riesgos y los controles asociados, ya que la labor examinadora deberá hacerse de modo unilateral, evaluando uno a uno cada control y escenario de riesgo.

En la valoración de la efectividad de los controles se debe comprobar dos conceptos diferenciados, el diseño del control y su efectividad final. Esto es así porque en muchas ocasiones el control ha estado correctamente diseñado e implantado, pero no ha servido para evitar el evento dañoso o no ha reducido en lo más mínimo el impacto sobre la entidad. Del mismo modo, se puede implantar un control y el mismo desplegar todos sus efectos, pero si el diseño está incompleto no producirá todos los efectos inhibidores suficientes, por lo que la valoración final no puede resultar aprobada.

La **valoración de la efectividad de los controles** puede hacerse mediante una escala que integre los siguientes rangos, ordenados de menor a mayor efectividad:

- **Mínima**: el control se encuentra implantado, pero tiene defectos en el diseño que hacen muy difícil que despliegue algún efecto o, directamente, la inclusión en el mapa de riesgos es meramente formal y no se está aplicando de modo efectivo.

- **Moderada**: el control se encuentra implantado en la empresa, incluso el diseño es adecuado y susceptible de producir efectos inhibidores, pero la plena efectividad de la medida controladora depende de intervenciones humanas que dejan en entredicho la plena eficacia de este.

- **Plena**: el control se encuentra correctamente implantado y diseñado, por lo que despliega toda la eficacia prevista para inhibir el escenario dañoso asociado. Lo normal es que este tipo de valoraciones se den en aquellos controles que no dependen de intervenciones humanas, sino de un programa informático o sistema que automáticamente ejecute los controles.

A continuación, un factor fundamental para arrojar una conclusión sobre los riesgos identificados en la empresa es el **riesgo residual** que arrojan tras los controles implantados. Únicamente se podrá conocer la evaluación final del riesgo cuando hayamos cuantificado el riesgo residual que se desprenda. El concepto que engloba la evaluación del riesgo se define como la **comparación de los resultados que arroje el correspondiente análisis de riesgo en consonancia con el nivel de riesgo real que la organización puede asumir y está dispuesta a tolerar.**

Esta última idea es precisamente la que define el riesgo residual como aquel que «sobra» una vez que hayamos calculado el impacto que tienen los controles aplicados. Para concretar en la práctica el riesgo residual, debemos acudir a la ecuación que relaciona el riesgo residual con el inherente y la vulnerabilidad que presente el mapa de riesgos concreto. Esto quiere decir que, para cuantificar el riesgo residual, se debe obtener una valoración referente a la probabilidad de que el riesgo inherente acabe materializándose, por un lado, y el valor asociado a la evaluación del riesgo obtenida, por el otro. De esta manera se obtendrá dos factores cuantificados que lógicamente arrojarán un producto final cuantificado, que será lo que se considere riesgo residual.

Matriz de cálculo de riesgo residual

Obteniendo el valor del riesgo residual se tendrá el dato decisivo sobre qué hacer ante cada escenario dañoso que pueda darse en la empresa. De este modo, si se conoce el riesgo que no es posible controlar por la empresa podrá saberse si se asume el mismo dependiendo de la actividad a la que va asociado, si se puede prorrogar dicha actividad o si se debe suprimir con carácter inminente.

Tratamiento final del riesgo existente

La elaboración de un mapa de riesgos sirve para conocer las capacidades y vulnerabilidades de cualquier empresa, pero esto no significa que todas aquellas actividades en la que exista un riesgo residual deban dejar de realizarse o tomar medidas de control para evitar su materialización. Por esta razón es necesario hacer el tratamiento final del riesgo que exista en la empresa para lo que será preciso tener en cuenta tres nuevos conceptos: el apetito de riesgo, la tolerancia de riesgo y la capacidad de riesgo.

El apetito de riesgo puede definirse como la cantidad de riesgo que los miembros de la dirección de la empresa están dispuestos a asumir o soportar, teniendo en cuenta los objetivos empresariales y sus líneas de negocio. Evidentemente las empresas no pueden dedicarse únicamente a la prevención de todos los riesgos que lleven aparejadas, sino que hay otros factores, tales como la rentabilidad, ratios comparativos o análisis del mercado, a los que se debe atender para guiar la visión y dirección de la empresa y maximizar la búsqueda del valor añadido. Es por esta razón por la que, de modo inevitable, se deben asumir ciertas cuotas de riesgo de forma deliberada, organizada y consciente. Por otro lado, resulta igualmente evidente que no todas las empresas son iguales por lo que la asunción de las cuotas de riesgo indicadas puede variar según la naturaleza de la empresa o el contexto, lo cual supone su tolerancia al riesgo.

Cuestión distinta es la capacidad de riesgo, que hace referencia a los límites que las empresas se imponen para la búsqueda de sus objetivos, lo cual no significa que se trate de su apetito o del máximo de riesgo que están dispuestas a asumir. Esta idea tiene sentido para determinadas decisiones o actividades, en las que quizás temporalmente resulta más atractivo para la empresa el asumir menos riesgo del que cabe en su capacidad real para eliminar cuanta incertidumbre sea posible.

Centrándonos en la idea del apetito de riesgo que pueda presentar la empresa, no se trata de una limitación fija que se impone a lo largo de toda su actividad, sino que es variable y se va moldeando conforme avanza el devenir empresarial. Por ello es aconsejable llevar un seguimiento de la evolución de los riesgos cada cierto tiempo para actualizar y verificar que el mapa de riesgos sigue reflejando la realidad de la empresa en este ámbito.

Es importante tener en cuenta que en cualquier momento el riesgo residual puede superar el apetito de riesgo, lo que supondrá un indicador inequívoco para adecuar los controles a esta nueva realidad, mejorando los existentes o incorporando nuevos controles, paralizando la actividad que está generando dichos riesgos si fuese necesario. Esto es lo que se conocerá como el tratamiento final de los riesgos existentes, no porque se realice una única y última vez al terminar la confección del mapa de riesgos, sino porque es lo último que hay que realizar cada vez que se repase y se actualice el mencionado mapa, debiendo mantener el procedimiento documentado y actualizado en todo momento.

Para clasificar los **posibles escenarios de apetito al riesgo** se puede hablar de tres niveles, de menor a mayor tolerancia:

- **Intolerable**: el escenario que arrojaría la materialización del riesgo no se puede asumir bajo ninguna circunstancia.

- **Tolerable**: el escenario que dibuja la materialización del riesgo es delicado, pero se puede mitigar aplicando ciertas medidas.

- **Aceptable**: tal y como se plantea el riesgo, es posible aceptarlo.

Esto adquiere importancia por cuanto el *compliance officer* y demás personal encargado de esta labor deben mantener una **gestión constante y permanente de la tolerancia del riesgo**, adaptándola a la imagen de la empresa en cada momento, las diferentes opciones que puede tomar podemos sintetizarlas en los siguientes puntos:

- Procura la evitación del riesgo a través de la paralización de la actividad que lo está generando o, en su caso, la no iniciación de aquella que pueda generarlo o incrementarlo.

- Se debe aceptar, de modo estratégico, el riesgo asociado a la actividad —incluso aumentarlo— si se desprenden objetivos de aprovechamiento de una situación competitiva u otro tipo de oportunidad que ofrezca un crecimiento de la empresa.

- Eliminación de la fuente de riesgo.

- Modificación de la probabilidad asociada al riesgo inherente inicialmente identificado junto con las consecuencias derivadas.

– Se puede compartir el riesgo con otras actividades o escenarios que inicialmente no habían sido contemplados para el mismo. Esto podría realizarse ampliando o modificando contratos que tenga suscritos la entidad con terceras personas, por ejemplo.

– Se puede mantener el riesgo en un mismo nivel durante un tiempo prolongado, siempre que se cuente con una decisión de la dirección de la empresa avalada documentalmente por la consecución de determinados objetivos estratégicos.

Por todo lo expuesto, el **esquema para la elaboración del mapa de riesgos** sería el siguiente:

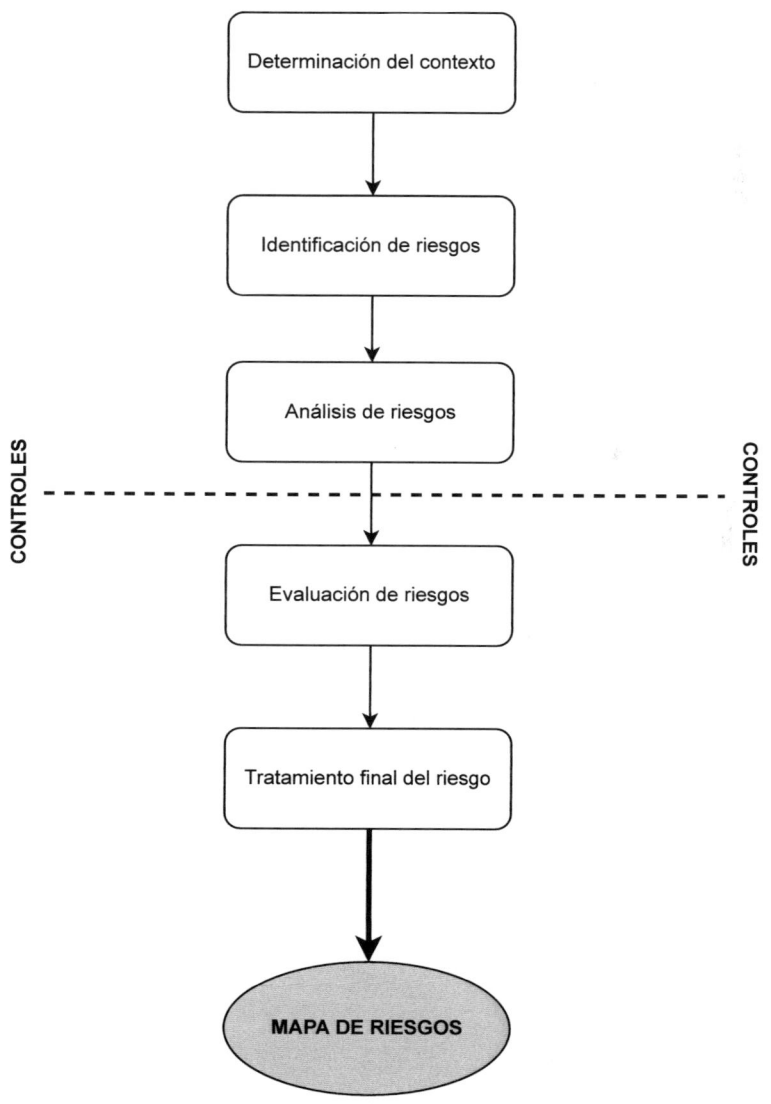

9.
IMPLANTACIÓN DEL PROGRAMA DE CUMPLIMIENTO EN EL SENO DE UNA ORGANIZACIÓN

Estructura de control en el *compliance*

Una vez que se haya implementado el programa de *compliance* en la empresa, es necesario abordar algunos elementos prácticos que son necesarios para cosechar un pleno entendimiento del funcionamiento que este tipo de funciones y herramientas y, sobre todo, para saber cómo aprovechar los recursos de los que puede disponer para ponerlos a disposición de la función de *compliance*. **La estructura que se encarga de coordinar la supervisión y funcionamiento de las previsiones del programa de compliance es lo que denominamos estructura de control.**

Esta estructura obedece a las ópticas que adoptan las grandes empresas al respecto que es, en origen, donde nació la propia idea del *compliance*. Sin embargo, el *compliance* ha evolucionado y se ha ido adaptando a las necesidades de las pequeñas y medianas empresas, de modo que será posible contar con una estructura de control proporcional al tamaño de nuestra empresa, sea cual sea su estructura organizativa y objeto empresarial.

En las grandes empresas la estructura de control que suelen adoptar tiene carácter vertical y se organiza en torno a ciertos órganos intermedios que tienen encomendadas con carácter exclusivo funciones de supervisión y control, manteniendo en todo momento la autonomía de su iniciativa y control. Así al objeto de ilustrar con ejemplos de órganos concretos, es posible mencionar algunos de los instrumentos societarios que utilizan estas empresas para llevar a cabo la función de control, a saber:

– **Consejo de administración**: se situaría en la cúspide de la jerarquía que compone la estructura de control, pudiendo delegar sus funciones a otros órganos de la empresa.

> **A TENER EN CUENTA**. La posibilidad de delegación debe entenderse únicamente ligada a la función de control, no a funciones que legalmente no puedan delegarse, como, por ejemplo, la aprobación de operaciones con consejeros, la determinación de la estrategia fiscal de la empresa o la determinación de las políticas de gobierno corporativo.

- **Comisión de auditoría y control**: se trata de un instrumento coadyuvante a los propios responsables de control que existan en la empresa de modo que canalizarían todos los informes de auditoría de cada responsable en un único departamento.

- **Consejeros independientes**: son profesionales que no integran de modo directo la estructura de control, aunque ejercen funciones relacionadas con el asesoramiento y la gestión de posibles riesgos y escenarios delicados que pueden resultar de mucha utilidad a otros órganos, como el mencionado consejo de administración en la toma de decisiones.

- **Consejero delegado**: igualmente se trata de profesionales a los que les pueden delegar funciones de control específicas, siempre que la carga de trabajo o las circunstancias así lo aconsejen, con el objetivo de gestionar de modo más adecuado el control de los riesgos que asolen la empresa.

- **Comité de *compliance***: no se encuentra de modo expreso en las estructuras de control de las grandes empresas, aunque en aquellas en las que sí existe a esta figura se le asigna las mismas labores de coordinación, acompañamiento y apoyo a los responsables de control que existan en la empresa, de modo que podrán elevar sus informes o consultas a este órgano al objeto de liberar carga de trabajo y contar con una visión conjunta sobre un mismo asunto.

Si bien esta sería la estructura idónea las pequeñas empresas no disponen de un volumen de personal o recursos tal que pueda asumir la creación de los órganos mencionados, así como la contratación de los profesionales independientes referidos. Así, es el propio apartado tercero del art. 31 bis del CP el que habilita a las pymes para que las funciones de supervisión y control sean asumidas directamente por el órgano de administración.

Cuando la empresa revista las características de una pyme, esencialmente si presenta la cuenta de pérdidas y ganancias abreviada, lo lógico será renunciar a la idea de transformar su simple y funcional estructura en una burocratizada y grandilocuente jerarquía. Se deben aprovechar los recursos que ya existen en la empresa y delegar o centralizar las funciones de control, según el volumen de empleados y descentralización de actividades. Lo único que debe reunir el órgano que finalmente soporte la estructura de control, ya sea el administrador único de la sociedad o un departamento concreto, es la asignación de poderes autónomos de iniciativa y control, de modo que ningún miembro de la empresa tenga las mismas competencias para modificar los resultados de su gestión y no puedan interferir en la misma. Solo de este modo, en tanto que se respete la autonomía e independencia del *compliance officer*, tendrá voluntad duradera la cultura de cumplimiento en la empresa.

El responsable de cumplimiento: *chief compliance officer* o *compliance officer*

La redacción del apartado 2 del art. 31 bis del CP puede generar confusión en cuanto a la figura del *compliance officer* o *chief compliance officer*, pues no se determina quién debe figurar como tal en las empresas, ni tampoco se especifica si debe constituirse en torno a un órgano de la empresa o puede ser un único empleado frente a un departamento, o incluso si se puede externalizar dicha función.

El art. 31.2 del CP se refiere «*(...) la supervisión del funcionamiento y del cumplimiento del modelo de prevención implantado ha sido confiada a un órgano de la persona jurídica con poderes autónomos de iniciativa y de control o que tenga encomendada legalmente la función de supervisar la eficacia de los controles internos de la persona jurídica (...)*». El legislador mantiene constantemente el concepto de órgano para referirse al oficial de cumplimiento. **Este órgano podrá ser unipersonal o comprender a más de un profesional,** pero lo que debe quedar meridianamente claro es que deben ser profesionales del cumplimiento interviniendo en esta labor, ya sea a nivel interno como a nivel externo. Estos profesionales son los *compliance officers* que necesariamente deberá estar dotado de cierta estructura, manteniendo en la cúspide del equipo al *chief compliance officer* quien asumirá la responsabilidad de la función de *compliance*.

Nada indica la normativa que haga afirmar que el órgano debe estar integrado en su totalidad en el seno de la empresa. Al contrario, sobre todo si se tiene en cuenta la realidad de las pymes, es evidente que la externalización de ciertos servicios a la hora de confeccionar el programa de *compliance* supone un ahorro en recursos para la empresa, pues no tendría que detener un departamento o parte de su personal para que elaboren el programa. No obstante, siempre debe haber alguien dentro de la empresa que se encargue de la integración de dicha función de cumplimiento, es decir, debe haber un oficial de cumplimiento que tome las decisiones vinculantes para la entidad, aunque para ello deba basarse en informes y consultores externos a su empresa.

Los puntos más relevantes a la hora de definir la **función del** *compliance officer* son los siguientes:

- Función independiente de identificación, evaluación, consejo, control y auditoría del riesgo de cumplimiento de la entidad.

- Se debe nombrar formalmente a la persona o departamento que ocupará la función del *compliance officer*. Esto podrá realizarse a través de un acta de la junta de la empresa o cualquier otro tipo documentos en el que se precise de modo expreso quien ostentará las funciones.

- Debe existir un canal de comunicación abierto, sin dificultades, entre el *compliance officer* y los órganos de dirección y administración de la empresa.

- El profesional o profesionales que asuman el rol de *compliance officer* deben contar con un perfil profesional cualificado al efecto.

– Es importante que el *compliance officer* tenga un buen criterio de imparcialidad y proporcionalidad, pues el objeto de su trabajo consiste en moverse por escenarios de amplia ambigüedad, en los que existen vicisitudes y decisiones que tomar. Así los criterios en los que ha de basarse para ello no estarán siempre claramente definidos, de ahí que deba saber ponderar correctamente los valores en juego.

– Es esencial que el *compliance officer* tenga un perfil excepcional en cuanto a honestidad y firmeza en la toma de decisiones.

De todas las notas anteriormente citadas, lo más importante va ligado indisociablemente a los caracteres de independencia y autonomía. Así, una vez identificado un perfil profesional o un departamento de la empresa que logísticamente pueda asumir las funciones de cumplimiento, estos dos caracteres mencionados deben garantizarse desde el primer momento, debiendo invertir los pocos recursos que se puedan tener en que ello sea así.

Independencia y autonomía del oficial de cumplimiento

No será posible hablar de un oficial de cumplimiento si no se garantiza su posición independiente y autónoma dentro de la empresa, en la que ocupe una posición intermedia entre la alta dirección y el resto del personal subordinado.

La autonomía e independencia de la que debe gozar este profesional no se trata de un mero requisito formal, sino que deben **existir evidencias que proyecten que estos dos caracteres se están garantizando**. Un buen ejemplo de ello es la neutralización de cualquier tipo de presión en la toma de decisiones por ninguno de los integrantes de la empresa.

Al igual que sucede con el propio programa de *compliance*, la asignación de la función de cumplimiento en un oficial no debe tomarse como una cuestión meramente formal. Es indispensable que su nombramiento, al igual que las funciones que desarrollará en la entidad y las condiciones de su ejercicio, consten por escrito. Sin embargo, esta constancia en sí misma no supone ninguna garantía, ni siquiera que se esté respetando su posición o que esté arrojando algún resultado para la empresa.

En el momento del nombramiento, lo verdaderamente importante es controlar la estructura que rodea al oficial de cumplimiento y, en caso de que se aprecien indicios que dificulten la independencia, corregirlos de manera inmediata. La medida más importante que debe tomar la empresa es esta, por encima de la valoración del perfil profesional de *compliance officer*, que resulta relevante, pero se valora en un estadio posterior.

Actuación dentro de la empresa

Las labores del *compliance officer* variarán según se sitúe en la estructura de control de una empresa u otra, ya sea por el tamaño de esta, por el tipo de negocio que desarrolla o, directamente, por el foco de riesgos que asolen a la misma.

Sin embargo, es posible establecer un listado de tareas concretas que deberá desarrollar de modo general y como base de actuaciones, de manera que resulte mucho más sencillo comprender si las labores que realiza el *compliance officer* se enmarcan en la cultura de cumplimiento normativo. Este listado se recoge como referencia práctica, por lo que algunas de las tareas en ella indicadas podrán prescindirse o, incluso, externalizarse o delegarse en otros profesionales. Así estas labores son:

- Colaboración activa en la confección del programa de *compliance*, al objeto de blindar una aportación práctica al procedimiento y favorecer su aplicación y efectividad.

- Confeccionar y mejorar, siempre que sea posible, programas o procedimientos que sirvan para detectar incumplimientos del propio programa de *compliance* y el código de conducta.

- Asesoramiento y consultoría activa en las labores de confección de la matriz de riesgos que alumbre la confección del mapa de riesgos que presente la sociedad. Es importante contar con asesoramiento sobre la gestión de los riesgos desde el inicio.

- Comunicación constante con todos los sectores que representen la distribución jerárquica que presente la empresa, con especial atención a la dirección y administración de la misma. Es importante que mantengan una comunicación fluida al objeto de poder asesorar al empresario ante cualquier eventualidad o decisión sobre la que presente cierta ambigüedad.

- Revisar y auditar el funcionamiento del propio programa de *compliance*, así como el análisis de riesgos realizado y lo informes que puedan existir al respecto del grado de cumplimiento de la empresa. Resulta de especial relevancia que el *compliance officer* asuma el rol de «revisor» de toda cuanta documentación genere la función de cumplimiento en el seno de la empresa.

- Acciones de formación y divulgación del contenido del programa de *compliance*, así como del código ético aplicable al personal interno.

- Supervisión y control del personal de la entidad, incluida la administración y dirección de la empresa.

- Organización y gestión del canal de denuncias que se encuentre implementado en la empresa. Como extensión del deber de vigilancia que asume el *compliance officer*, que se encargue de gestionar y recibir todas las denuncias, quejas y alertas internas es fundamental a los efectos de actuar como filtro ante aquellas notificaciones que no están sustentadas.

En definitiva, se puede afirmar la existencia de un protocolo básico de actuación por parte de un *compliance officer* sobre el cual debe pivotar toda la labor de cumplimiento. Este protocolo se configura en torno a tres acciones básicas: prevención, detección y formación.

Canal ético. La cultura del *whistleblowing*

Cuando se habla de la necesidad de implantar un canal de denuncias, se hace referencia directa a la cultura anglosajona del *whistleblowing*. Se trata de una herramienta, propia de la vertiente preventiva de la cultura del cumplimiento normativo que, si bien no es la única posible, es un pilar fundamental para una detección precoz de cualquier posible escenario de riesgo.

En términos generales, podemos definir la aplicación práctica del *whistleblowing* como un **canal de comunicación de comportamientos o escenarios irregulares o delictivos que tengan lugar en el seno de la empresa,** pudiendo resultar autores de las mismas los propios empleados y aquellas terceras personas que tengan algún tipo de relación con la empresa, como pueden ser asesores externos, colaboradores profesionales o proveedores. Es muy importante la **desvinculación de este canal al concepto de denuncia,** especialmente de cara al personal de la entidad, facilitando con ello la incorporación orgánica del mismo en el seno de la empresa.

La cultura del *whistleblowing* se introduce en el Código Penal en el cuarto requisito del apartado 5 del art. 31bis que señala *«Impondrán la obligación de informar de posibles riesgos e incumplimientos al organismo encargado de vigilar el funcionamiento y observancia del modelo de prevención»*. Señala a este respecto la Fiscalía General del Estado en la Circular 1/2016 que:

> «(...) La existencia de unos canales de denuncia de incumplimientos internos o de actividades ilícitas de la empresa es uno de los elementos clave de los modelos de prevención. Ahora bien, para que la obligación impuesta pueda ser exigida a los empleados resulta imprescindible que la entidad cuente con una regulación protectora específica del denunciante (whistleblower), que permita informar sobre incumplimientos varios, facilitando la confidencialidad mediante sistemas que la garanticen en las comunicaciones (llamadas telefónicas, correos electrónicos...) sin riesgo a sufrir represalias».

En la definición dada por la Fiscalía General del Estado puede encontrarse una de las notas esenciales que debe tener cualquier canal de denuncias, como debe ser la confidencialidad de lo que en él se comunica. Es decir, se debe garantizar que cualquier denunciante encuentre protegida la confidencialidad del aviso que está realizando, así como su identidad. Para garantizar esto existen dos posibles vías:

- Puede **canalizarse esta herramienta de denuncias, a través del** *compliance officer,* **de modo que solo este profesional sea el que conozca la identidad del denunciante** y el hecho o conducta denunciados. la ventaja que presenta esta configuración es que la investigación es más sencilla, pues será posible establecer una entrevista privada con la persona que ha denunciado para comenzar la fase instrucción. Sin embargo, el lado negativo es que la confianza que debe existir entre el personal de la empresa con el sistema se vea afectada y con ello el empleado inhiba el impulso de cumplimiento con la línea ética de la empresa.

- Otra opción, es la de **anonimizar la identidad de los denunciantes,** de modo que el *compliance officer* no sepa quien ha sido el que ha alertado del hecho, sino tan solo el contenido del hecho irregular. Esta vía dificulta la fase de instrucción al desconocer a quien se le puede pedir más detalles o formular cuestiones concretas sobre el contenido del aviso. Además, este método proyecta una imagen un tanto traslúcida de la verdadera identidad del sistema, en tanto en cuanto exista personal que no se tome en serio la utilidad de este y efectúe alertas falsas sobre conductas inexistentes.

CUESTIÓN

En caso de que al instaurar el canal de denuncias se opte por un sistema de denuncia anónima, ¿qué puede hacerse si proliferan las falsas denuncias?

En el caso de que proliferen las falsas denuncias se debe poner en marcha un protocolo de inhibición del impacto en el propio canal. Así se podría optar por alguna de las siguientes medidas:

- Incorporar medidas disciplinarias de calificación grave ante la denuncia falsa.

- Incorporar como foco de riesgo muy probable, con la consiguiente aplicación de medidas técnicas de control.

- Investigación de indicios de falsedad.

- Identificación del denunciante.

Entre las dos opciones que se han descrito, por operatividad y efectividad, lo óptimo sería establecer un canal de denuncias supervisado por un *compliance officer* en el que se pueda conocer la identidad del alertador, pero incorporando un sistema de cifrado o encriptación, de modo que el acceso a la información documental que contenga la alerta únicamente sea accesible para el profesional supervisor.

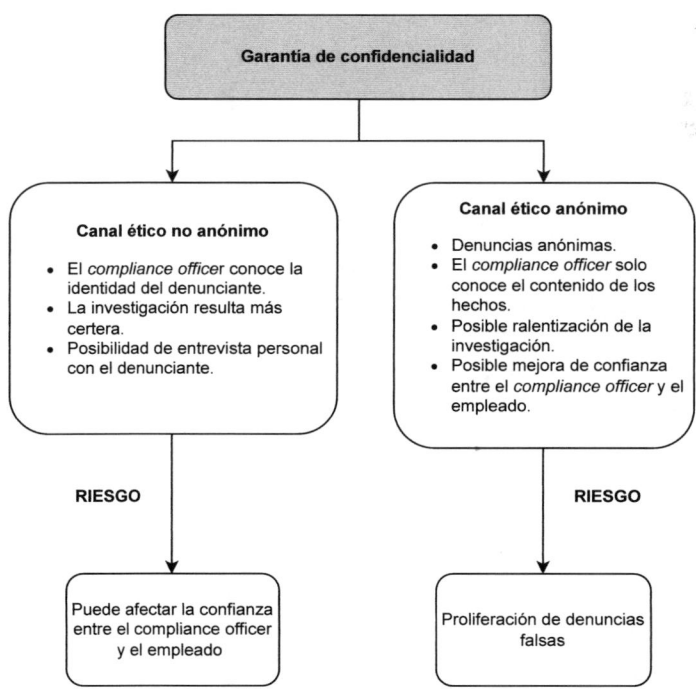

En lo concerniente a la vía material concreta en la que apoyar el canal de denuncias, caben diferentes métodos a elección de la empresa y sus necesidades. Así será posible canalizar las denuncias a través de un correo electrónico concreto, a una extensión telefónica o una aplicación interna diseñada al efecto. Cada empresa debe elegir una de estas vías para formalizar este canal ético, debiendo señalar únicamente, que, si se opta por la vía del correo electrónico o la aplicación interna, ambos deben cumplir las especificaciones relativas a la protección de datos personales y las correspondientes medidas de seguridad que deban implementarse para garantizar el cifrado de la información y la confidencialidad de las mismas. Asimismo, en el caso de optar por el uso del teléfono interno de la empresa, se debe garantizar la línea utilizada entre el denunciante y el oficial de cumplimiento no pueda monitorizarse en modo alguno; esto es, que se tomen las medidas necesarias para evitar las escuchas telefónicas por parte de cualquier otro profesional de la empresa.

Otro aspecto en el que se debe poner atención es la estructura personal que tendrá este canal de denuncias. Así será posible confeccionar un canal de denuncias gestionado por un único profesional o por un grupo de profesionales. Esta distinción únicamente obedece a si previamente la empresa ha optado por la incorporación de un único *compliance officer* o de un departamento concreto de *compliance,* que puede estar externalizado. En cualquier caso, debe haber un acceso restringido a la identidad del denunciante, de modo que el resto de los individuos que tramiten la investigación únicamente conozcan los detalles relevantes y que permitan seguir avanzando hacia una resolución final.

Una vez se haya recibido la denuncia, el profesional o el equipo encargado de su investigación debe poner en marcha toda la maquinaria al objeto de llegar a un final resolutivo. Tan esencial como respetar la privacidad y confidencialidad del contenido de la denuncia es dar una resolución final a la misma, la cual deberá estar apoyada en el código ético de la empresa cuya medida disciplinaria deberá ser proporcional a la conducta cometida.

Todas las actuaciones deben estar acreditadas documentalmente, al objeto de poder verificar los pasos efectuados en una investigación y cotejar los resultados finales, que servirán de indicador esencial al *compliance officer* para corregir, actualizar e implementar nuevas medidas correctoras que son el pilar fundamental del deber de verificación periódica del modelo de cumplimiento que se debe acometer en el programa de *compliance*.

El impacto positivo que puede desplegar la cultura del *whistleblowing* genera ciertas ventajas para la empresa, que pueden resumirse en los siguientes puntos:

– Salvaguarda la imagen pública de la empresa de verse relacionada en escándalos de conductas delictivas con transcendencia pública.

– Cortafuegos interno que protege de la expansión de las conductas incumplidoras entre el personal de la empresa.

– Instrumento de apoyo esencial para la formación y fomento de la ética empresarial, el buen comportamiento dentro de la empresa, las políticas de cumplimiento, transparencia y lealtad profesional.

– Fomento de la competencia positiva en sentido dual: por un lado, se fomenta la competencia positiva entre el personal para no incurrir en conductas negativas y ver premiadas las positivas y, por el otro, fomento de la ventaja competitiva de la empresa en el mercado.

Plan de monitorización dentro del *compliance*

Manteniendo la óptica de la detección y supervisión como labores esenciales del *compliance officer*, resulta necesario hacer referencia al plan de monitorización, como una herramienta esencial para realizar estas labores. Dentro de esta herramienta se recopilarán todas las revisiones que se vayan efectuando acerca de la monitorización integral de programa de *compliance*.

Dentro de esta herramienta se debe atender a dos fases claramente diferenciadas: la confección del plan y la aprobación de este, sin perjuicio de otras fases complementarias como la actualización o revisión del plan.

|| Confección del plan de monitorización

Ha de tenerse en cuenta que el **plan de monitorización deberá priorizar las áreas a las que debe prestar su atención,** pues de otra forma se configuraría como una carga burocrática añadida que inhibiría la efectividad para la que está destinada. Un primer paso dentro de la fase de confección será la delimitación del contenido del plan. Para ello, el *compliance officer* debe conocer las áreas que han de monitorizarse por medio de la evaluación de riesgos de la empresa y que se debe centrar como mínimo, en riesgos asociados a campañas comerciales, conflictos de personal, selección de personal, selección de proveedores, formación de personal, campañas publicitarias, protección de datos personales y cumplimiento del código de conducta.

El foco debe proyectarse, en todo momento, sobre el análisis de riesgos realizado, pero orientado a aquellos que revistan una especial atención en la empresa. Una buena estrategia para confeccionar la monitorización del análisis de riesgos es centrarse en aquellos escenarios que presenten un mayor riesgo residual, así como en aquellas áreas que las revisiones de la evaluación proyecten una efectividad de los controles menguante, de tal forma, que pueda poner en peligro la actividad o estructura de la empresa a la que afecta.

Así mismo, en el caso de que se alerte la existencia de una nueva amenaza o algún departamento presente ciertas vicisitudes que inicialmente no se encontraban reflejadas en el programa de *compliance*, es labor del oficial de cumplimiento documentarla anotando todos los detalles de la problemática, pudiendo comunicarse con todo el personal que desee. También se debe prestar atención, en caso de que existan, a las quejas o sugerencia que se hayan ido recopilando por parte de clientes y demás interesados, pues son un foco inequívoco de escenarios que se deben evitar y sobre los que inicialmente no se puede realizar una previsión concreta ni, por tanto, un análisis o una asignación de medidas de control.

Una vez que se haya realizado la evaluación de los riesgos y de aquellos escenarios que proyecten mayor impacto negativo para la empresa, se deben documentar todas las actuaciones que se vayan a realizar, siendo esta labor fundamental a la hora de confeccionar el plan de monitorización, pues será la documentación de cada paso realizado, presentada de forma ordenada y estructurada, lo que permitirá denominar este recopilatorio de esta manera.

‖ Aprobación del plan de monitorización

La segunda fase relevante dentro de la monitorización es la aprobación del plan. No se debe olvidar que, si bien el *compliance officer* será el encargado de estructurar dicho plan y de llevar a cabo la ejecución de las revisiones y la supervisión ligadas al mismo, será la dirección de la empresa la que asuma la propiedad del contenido del plan y, en consecuencia, la responsabilidad final de su ejecución. Es importante entender esta idea, pues el plan de monitorización deber ser ejecutado de modo directo, por lo que la aprobación definitiva de su contenido supone la asunción de un compromiso con lo que en el mismo se propone.

Es de suma importancia que se realice una **exposición clara y motivada de los puntos más relevantes del plan**, de modo que el personal de dirección pueda entender fácilmente el sentido de las revisiones propuestas y asumir la responsabilidad de su ejecución.

En cada empresa la estructura será distinta, resultando mucho más sencillo en aquellas que tengan poco personal. En cualquier caso, la aprobación del plan de monitorización realizada por la dirección de la entidad **debe contar con un apoyo unánime y debe quedar plenamente documentada**, de modo que se garantice la trazabilidad a la hora de posibles revisiones o modificaciones futuras que se puedan producir en el plan.

‖ Revisiones y modificaciones del plan de monitorización

Al igual que sucede con el programa de *compliance*, el plan de monitorización no siempre tiene la efectividad pretendida o carece de todo error. Lo más común es que a lo largo del ejercicio de este surjan circunstancias que resultaban imprevisibles en el momento de su confección, pero que afectan a la estructura de riesgos de la sociedad.

La recomendación práctica en este ámbito es programar revisiones generales y sectoriales del plan de monitorización cada cierto tiempo, de modo que el escrutinio sobre su virtualidad y eficacia sea el más fiel posible. Estas revisiones consisten en:

- **Revisiones sectoriales:** se refieren a los diferentes apartados que componen el plan de monitorización, de modo que puede revisarse una vez al mes.

- **Revisiones generales:** se trata de conjugar las diferentes revisiones sectoriales en un todo global y comprobar si sigue teniendo sentido la estrategia planteada, esta labor puede realizarse en un período trimestral.

Como recomendación orientativa, es posible enunciar ciertos aspectos que deben contemplarse a la hora de programar las revisiones del plan como son los siguientes:

– Actuaciones de los reguladores.

– Alteraciones o vicisitudes producidas en la evaluación de riesgos.

– Cambios normativos de relevancia que resulten aplicables a las empresas.

– Cambios en las líneas de negocio de la empresa o en la comercialización de nuevos productos.

En el caso de que existan circunstancias que aconsejen nuevas medidas o revisiones, no se podrá efectuar de modo inmediato. Estas modificaciones efectivas deben ser sometidas a aprobación por la dirección de la empresa, de modo que asuma nuevamente el compromiso por la ejecución de estas y se entienda desde la cúspide de la jerarquía empresarial la necesidad de dichas revisiones. Esto facilitará el entendimiento en escala a todo el resto de la plantilla.

Cada revisión realizada debe ser anotada y documentada, indicando el encargado de comprobar la vigencia del plan, los departamentos consultados y la fecha programada de las próximas revisiones.

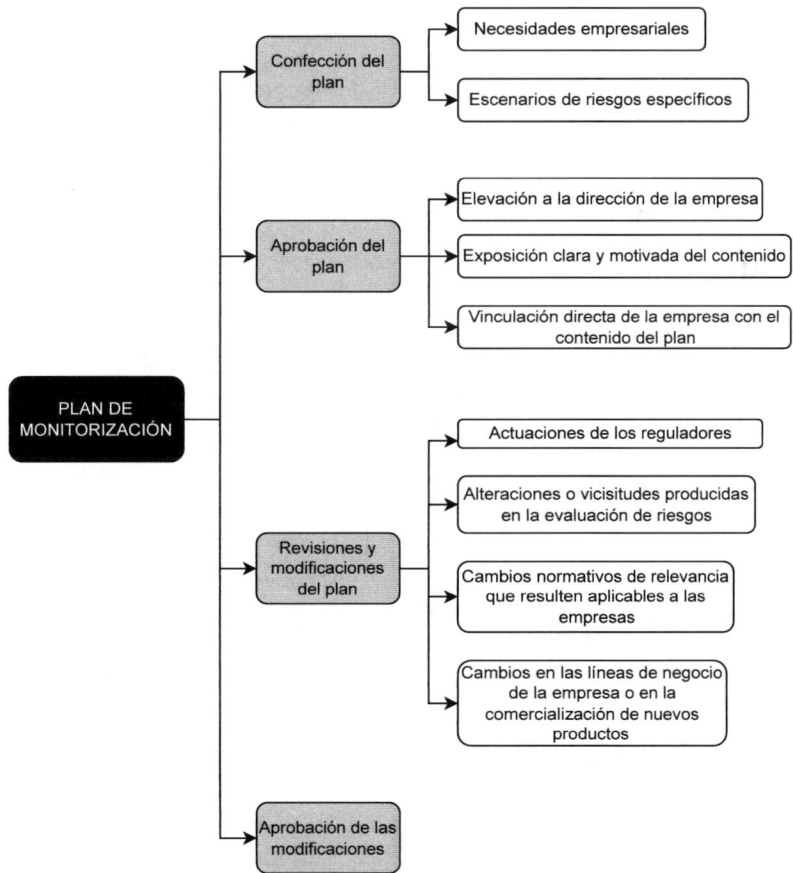

El repositorio de evidencias

La implantación de un programa de *compliance* debe arrojar evidencias de su eficacia para poder evitar la responsabilidad penal de la persona jurídica, por esta razón es fundamental demostrar que las medidas programadas para la inhibición de los incumplimientos o, en su lugar, para la reducción del impacto que el incumplimiento podría suponer para la empresa, **son efectivas y despliegan los efectos para los que fueron concebidas.** Debemos tener en cuenta que, con relación a posibles repercusiones en el ámbito penal, la carga de la prueba de la existencia y la efectividad de los controles corresponde a la empresa.

Por ello es importante confeccionar un repositorio de evidencias que recopile y conserve de modo sistemático todas las pruebas de cumplimiento generadas. Lo primero que se debe obtener para confeccionar este repositorio son las propias evidencias, las cuales se pueden hallar en diferentes niveles y ámbitos de la empresa. Las evidencias gozan de un ciclo de vida que comienza en el primer momento en que se pone a prueba un control instaurado en la empresa y que puede durar hasta que sea necesaria su comprobación o aportación a alguna autoridad.

En efecto, el nacimiento de una evidencia tiene lugar en el momento en el que se aplica un control organizativo en la empresa. En caso de que dicho control actúe correctamente, es posible comprobar su eficacia de modo gráfico o descriptivo. Por ejemplo, en un intento de acceso a una cuenta de correo electrónico por parte de un tercero no autorizado, resulta fácil capturar digitalmente ese intento de acceso en conjunción con el error que avise el sistema. Es en ese momento de la captura digital cuando se incorpora la evidencia a un archivo informático que se debe nombrar, fechar y, si es posible, sellar en el tiempo. Este documento habrá de conservarse con todas las medidas de seguridad necesarias para evitar que puedan perderse.

Con relación al modo en que deben almacenarse o conservarse estas evidencias o, lo que es lo mismo, la propia forma del repositorio en sí mismo, a nivel de una pequeña o mediana empresa, el criterio de mínima exigencia estaría en la creación de una carpeta de evidencias, separada por subcarpetas temáticas de conformidad con el tipo de evidencia concreta. Así, debería tener una carpeta en el equipo informático del *compliance officer*, con las diferentes áreas a tener en cuenta, esto es: el propio programa de compliance, los controles generales y los controles específicos que se estén realizando.

Sin perjuicio de los anterior, es perfectamente **posible externalizar la gestión de este repositorio** a una entidad o experto externo, de modo que sea la empresa la que vaya recopilando las evidencias, pero que la sincronización, actualización y copias de seguridad las realice una empresa especializada en este tipo de servicios. Como se puede deducir, la decisión de optar por una y otra corresponde al empresario de conformidad con sus necesidades y el modo en el que le resulte más eficiente y productiva la distribución de estas funciones.

Una vez implantado el sistema de recopilación de evidencias y su estructura de conservación, para mantenerlo actualizado no solo basta con sobrescribir los datos y realizar copias de seguridad de modo periódico, pues esto no haría más que actualizar la base documental del repositorio, pero no proyectaría novedad en los documentos. De este modo, la propuesta que se ha de formular para mantener el repositorio de evidencias debidamente actualizado pasa por renovar todas a aquellas evidencias que se relacionen con los controles que hayamos adoptado y con el plan de monitorización aprobado. Así, cada vez que se compruebe la efectividad o debilidad de un determinado control o escenario de riesgo, se debe constatar dicha situación y subirla al repositorio, con el detalle de la fecha y descripción escueta de lo que representa, así como un nuevo sellado de tiempo.

Verificación del modelo de *compliance*

La última fase del proceso, una vez se haya implantado el programa de *compliance* en la empresa en conjunción con el plan de monitorización y todos los controles necesarios, el propio modelo adoptado debe someterse a una verificación o auditoría que pueda certificar adecuadamente la correcta implantación del mismo. De este modo, se puede comprobar que existe una cierta reiteración en lo que se refiere a la comprobación de que el *compliance* funciona adecuadamente en la entidad.

La razón por la que es tan necesaria la verificación del modelo tiene que ver con la debida conducta proactiva que debe demostrar la empresa en todo momento, ya que de nada sirve demostrar en un momento puntual que ciertos controles son efectivos o que el propio programa está proporcionando el impacto deseado en la empresa si dentro de un tiempo cualquier circunstancia puede cambiar, o puede surgir un nuevo escenario no previsto. A partir de ese momento el programa no estaría funcionando a pleno rendimiento y si no hay una suerte de auditoría global que anote este tipo de coyunturas, no será posible adelantarse al daño o corregir el impacto con la antelación suficiente.

|| Periodicidad, alcance y objetivos

La verificación del modelo debe realizarse en sentido global, atendiendo a todo el programa de *compliance* en sí mismo, a la hora de comprobar que todas las áreas de la estructura empresarial funcionan dentro del marco del cumplimiento normativo. Así, lo primero que se debe realizar es determinar cada cuánto se realizará esta verificación del modelo, que es una labor que dependerá de diferentes factores:

- Niveles de riesgo.
- Cambios en escenarios de riesgo.
- Periodicidad de controles.
- Existencia de denuncias.
- Obligaciones legales de auditoría.

En este ámbito podemos referirnos a dos tipos de verificaciones:

- **Verificación ordinaria**, que es aquella que el *compliance officer* fija para realizar con una cierta periodicidad. Así la recomendación sobre la periodicidad de la verificación es aconsejable situarla en el año, al igual que el plan de monitorización.

– **Verificación extraordinaria,** que viene determinada por algún elemento interno o externo que afecte al nivel de riesgo de la empresa. Un ejemplo sería si decide instalar un sistema de compra online, debe revisarse el programa de *compliance* con relación a los nuevos riesgos.

Una vez que se ha determinado la periodicidad de las auditorías el paso siguiente será determinar el alcance y objetivos de la misma. Con relación al alcance será el mismo que el del programa de compliance, de modo que se comprobarán todos los apartados que sean susceptibles de desplegar efectos inhibidores y de prevención en la empresa. Asimismo, el objetivo será determinar en todas estas áreas si existen o no debilidades o excesos de control que se puedan redistribuir para dotar de mayor eficiencia al programa.

‖ Metodología

La metodología a seguir para llevar a cabo esta auditoría es análoga a la ya trabajada sobre los controles de riesgos y la monitorización de aquellas circunstancias que resulten más delicadas. Al igual que en aquellas, el trabajo de campo para realizar las comprobaciones puede llevarse a cabo de múltiples modos, no solo comprobando sobre el papel lo que se encuentra estipulado en el programa de *compliance*, sino entrevistándose con encargados de aplicación de dichos controles, miembros del personal laboral de la empresa e incluso revisando expedientes de clientes con inclusión de conversaciones telefónicas o correo electrónico. Incluso sería conveniente que en este procedimiento de auditoría no trascendiese su realización a toda la empresa, de modo que sea el *compliance officer* el que se encargue de realizarlo con toda naturalidad.

Si bien el empresario debe conocer la periodicidad con la que está prevista realizar la verificación, pero no tiene por qué saber el día concreto. Con ello se pretende que la inspección se realice en un día o temporada aleatoria que permita comprobar el grado de cumplimiento del programa del modo más fiable posible. En consecuencia, tan solo debe conocer, con antelación suficiente, que se procederá a realizar una auditoría con el alcance concreto y los objetivos que persigue, con extensión de esta información a los responsables de cada departamento.

‖ Conclusiones

Una vez se haya realizado la verificación práctica de los puntos contenidos en la auditoría, deben emitirse cuantas conclusiones sean necesarias. Estas conclusiones servirán al *compliance officer* y a la propia empresa como guía o indicador del camino que están siguiendo en el marco del cumplimiento normativo, sabiendo si deben transcurrir por la misma vía o si deben realizar ciertas matizaciones y correcciones a los controles programados.

En esta fase es donde se relacionan los objetivos previstos inicialmente y los resultados efectivamente conseguidos, arrojando luz sobre aquellas incongruencias o situaciones excepcionales que no estaban previstas.

Esto es, los errores que pueden existir entre el análisis de riesgos previstos y los resultados de su evaluación, o ciertas incongruencias entre los controles realizados y la evaluación de la efectividad de los mismos, de modo que se compruebe que la evaluación no ha sido exhaustiva ni todo lo rigurosa que la situación exigía.

Por tanto, la idea es que en el apartado de conclusiones de la auditoría se presente un listado con todos los aspectos verificados con un detalle o leyenda con relación a cada uno, que de un simple vistazo permita saber si ese aspecto se encuentra en orden o se deben efectuar correcciones, en este caso, deberán incorporarse recomendaciones para el ajuste que deba realizarse.

Este sistema de asignación de una leyenda a la verificación de los elementos que se encuentran dentro del alcance de la auditoría son la proyección del sistema de indicadores o rating del procedimiento de verificación. Está pensado para sintetizar los problemas encontrados en la auditoría y asignar soluciones que se deban implantar, de que una lectura de este apartado ofrece toda la información necesaria que debe conocer la dirección de la empresa.

Todo procedimiento de verificación del programa de cumplimiento deberá terminar con un informe final en el que se trasladen las conclusiones junto con los datos básicos de la auditoría realizada. Esto facilitará el seguimiento posterior hasta la implementación de todas aquellas medidas que sean necesarias.

A estos efectos todo informe final debería gozar de una estructura sencilla ordenada y accesible para cualquier profesional, ya sea el compliance *officer* interno de la entidad —para el caso de que la auditoría haya sido encargada a profesionales externos de la entidad— ya sea de la dirección y personal responsable de la misma.

Una vez que se haya emitido el informe y elevado a la dirección de la empresa, así como al resto de responsables de departamentos que se considere oportuno, el objetivo debe ser implementar cuantas medidas hayan sido recomendadas y una vez incorporadas verificar a corto plazo el funcionamiento y efectividad de las mismas.

Es de vital importancia invertir tiempo en el proceso de verificación, ya que, cualquier cambio de circunstancias en la empresa, por muy residual que pueda parecer, puede llegar a producir cambios transcendentes en el programa de *compliance*, los cuales deben ser revisados y evaluados.

En el momento en que todas estas labores puedan realizarse sin dificultad, significará que la empresa ha alcanzado tal nivel de madurez que la cultura de cumplimiento normativo se proyecta en cada evidencia que puedan presentar, alcanzando con ello el objetivo de incorporar el *compliance* en la empresa, de tal forma que la entidad quede blindada ante cualquier delito e incumplimiento normativo.

ANEXO.
FORMULARIOS

Modelo de denuncia de incumplimiento

FORMULARIO COMUNICACIÓN DENUNCIA

Área / Departamento a la que pertenece el comunicante: (1)

[ESPECIFICAR]

Nombre y apellidos del comunicante: (1)

[ESPECIFICAR]

Dirección de correo electrónico y teléfono/extensión del comunicante: (1)

[ESPECIFICAR]

Nombre y apellidos de la persona denunciada:

[ESPECIFICAR]

Tipo de infracción [ESPECIFICAR LA/S OPCIÓN/ES QUE CORRESPONDA/N

- **Vulneración de los derechos humanos:** trata de seres humanos, prostitución, tráfico y trasplante ilegal de órganos, tráfico ilegal de personas, estragos que afecten a la integridad física o salud de las personas provocados por explosivos y otros agentes…

- **Protección de nuestro entorno:** incumplimiento de la normativa ambiental; estragos que afecten al medio ambiente provocados por explosivos y otros agentes…

- **Confidencialidad de la información:** Cualquier utilización no autorizada de la información no pública de la empresa, de clientes, proveedores, o de terceros.

- **Corrupción:** Incumplimiento de los procedimientos de la compañía relacionados con la selección, negociación o supervisión de suministradores o contratistas, detección de conductas sospechosas en las relaciones con funcionarios públicos, incumplimiento de las directrices internas en materia de regalos y donaciones; corrupción en las transacciones comerciales internacionales.

- **Conflictos de interés:** Situaciones personales o relaciones inapropiadas con clientes, proveedores, etc. que puedan condicionar el correcto desempeño de los deberes profesionales.

- **Derechos de los trabajadores:** Conductas que pongan en peligro la salud e integridad de los trabajadores, o que generen situaciones de discriminación, o supongan un acoso o alguna de las conductas indicadas en los códigos de conducta.

- **Recursos informáticos:** Utilización inadecuada de los equipos informáticos de la empresa, descarga no autorizada de programas.

- **Solvencia de la empresa y aspectos contables:** Ocultación de bienes, así como registro y análisis sistemáticos de transacciones comerciales y financieras incumpliendo la normativa contable.

- **Infracciones relacionadas con títulos o valores:** Empleo de información confidencial o restringida para la compra/venta de títulos.

- **Anomalías en el origen y destino de capitales:** Conductas que hagan ineficaces las políticas de prevención de blanqueo de capitales de la empresa, así como la obtención, gestión y empleo fraudulento de subvenciones públicas, delitos contra la Hacienda Pública y la Seguridad Social.

- **Fraude y falsificación:** engaños y omisiones de información relevante a clientes y terceros, falsificación de tarjetas de crédito, débito y cheques de viaje.

- **Propiedad industrial:** empleo de marcas y patentes, sin disponer de la preceptiva licencia.

- **Propiedad intelectual:** reproducción, plagio, distribución, comunicación… con ánimo de lucro, de una obra o prestación literaria, artística o científica, o su transformación, interpretación o ejecución artística sin la autorización de los titulares de los correspondientes derechos de propiedad intelectual o de sus cesionarios.

- **Delitos contra la Salud Pública:** tráfico de drogas] (2).

Descripción de la infracción que se comunica:

[ESPECIFICAR]

En su caso, documentación soporte en la que se basa la comunicación:

[ESPECIFICAR]

Manifiesto que la presente comunicación la realizo de buena fe y que, salvo error u omisión involuntaria, los datos consignados son ciertos, así como que:

- Conozco del tratamiento que podrá darse a los datos consignados en la presente comunicación.
- El contenido del procedimiento del "Canal de Denuncias"

Remito la presente comunicación a través del Canal de Denuncias,

[FIRMA] **(1)**

Fdo: Don/Doña [NOMBRE]

* El presente documento será custodiado en las dependencias de la persona jurídica de conformidad con su Política de archivo y conservación de documentos, entregándose copia del mismo al comunicante.

---

(1) Omitir en caso de que la denuncia se anónima.
(2) No se trata de una lista cerrada pudiendo incluirse cualquier otro tipo de infracción.

Modelo de nombramiento de *compliance officer*

ACTA DE ASIGNACIÓN DEL *COMPLIANCE OFFICER*

EMPRESA [NOMBRE_EMPRESA]

CIF [NUMERO]

Dirección [ESPECIFICAR]

Para dar cumplimiento a lo estipulado en el art. 31 bis. 2. 2º del Código Penal, se designa a un responsable del cumplimiento del marco regulatorio y normativo en el ámbito penal que afecta a las empresas, asegurando el debido control con el fin de evitar las conductas delictivas que puedan surgir en el seno de una entidad jurídica.

Las funciones básicas que deberá realizar se encuentran recogidas en el programa de *compliance* de la persona jurídica, pudiendo sintetizarse de la siguiente forma:

1. Gestionar el modelo de prevención:
   - Supervisar su funcionamiento.
   - Vigilar y controlar al personal sometido al *compliance*.
2. Informar y formar sobre el modelo de gestión.
3. Revisar y modificar el modelo.
4. Gestionar el canal de denuncias e investigaciones internas.

DATOS DEL *COMPLIANCE OFFICER*

Nombre y apellidos: [NOMBRE]

Cargo que ocupa en la empresa: [CARGO]

DNI: [NUMERO]

Empresa a la que pertenece: [NOMBRE_EMPRESA]

Para que conste lo expuesto, se firma la presente Acta de designación,

En [LUGAR], a [DÍA] de [MES] de [AÑO]

[FIRMA_REPRESENTANTE_TRABAJADORES] [FIRMA_COMPLIANCE_OFFICER]

[FIRMA_REPRESENTANTE_EMPRESA]

Modelo de recepción y aceptación de código ético

ACUSE DE RECIBO Y ACEPTACIÓN DEL CÓDIGO ÉTICO DE LA EMPRESA

En virtud del presente documento, acredito que don/doña [NOMBRE], con DNI n.º [NUMERO], empleado/a de la sociedad mercantil [NOMBRE EMPRESA], he recibido el contenido del código ético de la entidad en la que me encuentro integrado ejerciendo funciones de [ESPECIFICAR], junto con sus anexos e informes posteriores.

Asimismo, confirmo que he leído el compendio documental, aceptándolo en su integridad y manifiesto el **compromiso de fomentar las buenas prácticas corporativas** que en él se contienen.

[FIRMA]

Don/Doña [NOMBRE]

[PUESTO EN LA EMPRESA]

Modelo de índice general de código ético

CÓDIGO ÉTICO DE LA ENTIDAD – ÍNDICE SISTEMÁTICO

I.- INTRODUCCIÓN

[DESCRIPCIÓN]

II.- MISIÓN Y VALORES DE LA EMPRESA

[ESPECIFICAR]

III.- OBJETO Y ÁMBITO DE APLICACIÓN

[ESPECIFICAR]

IV.- PRINCIPIOS INSPIRADORES

[ESPECIFICAR]

V.- COMPROMISOS CORPORATIVOS

a. Personal laboral [ESPECIFICAR]

b. Clientes [ESPECIFICAR]

c. Proveedores [ESPECIFICAR]

d. Sociedad [ESPECIFICAR]

VI.- CANAL DE DENUNCIAS. OBJETO Y FUNCIONAMIENTO

[DESCRIPCIÓN]

VII.- *COMPLIANCE OFFICER*. ESTRUCTURA, FUNCIONES Y CONTACTO

[DESCRIPCIÓN]

VIII.- DEBERES Y RESPONSABILIDADES – MEDIDAS DISCIPLINARIAS

[ESPECIFICAR]

Modelo de identificación y análisis de riesgos inherentes

Modelo de identificación y análisis de riesgos inherentes

DENOMINACIÓN DEL RIESGO INHERENTE	NORMATIVA AFECTADA	SUPUESTO DE HECHO	POSIBLE CONDUCTA DAÑOSA	PROBABILIDAD	IMPACTO	CLASIFICACIÓN DEL RIESGO INHERENTE	DENOMINACIÓN DEL CONTROL	EFECTIVIDAD	CLASIFICACIÓN DEL RIESGO RESIDUAL
Indicar, en términos generales, el incumplimiento, delito o falta concreta	Indicar o enumerar las disposiciones normativas que se ven afectadas o que resulten de aplicación	Determinar la actividad o escenario que describa el incumplimiento o falta concreta	Indicar de modo detallado la conducta o actividad que se puede dar en la empresa y que lleve aparejado el riesgo inherente	Especificar la escala o rango que se ha calculado conforme a la matriz correspondiente	Especificar la escala o rango que se ha calculado conforme a la matriz correspondiente	Especificar la escala o rango que se ha calculado conforme a la matriz correspondiente	Indicar una breve descripción del control o medida correctora implantada	Indicar su está produciendo efectividad o no (pudiendo acudir a una escala diseñada al efecto)	
[ESPECIFICAR]	[ESPECIFICAR]	[ESPECIFICAR]	[ESPECIFICAR]	[ESPECIFICAR]	[ESPECIFICAR]	[ESPECIFICAR]	[ESPECIFICAR]	[ESPECIFICAR]	[ESPECIFICAR]
[ESPECIFICAR]	[ESPECIFICAR]	[ESPECIFICAR]	[ESPECIFICAR]	[ESPECIFICAR]	[ESPECIFICAR]	[ESPECIFICAR]	[ESPECIFICAR]	[ESPECIFICAR]	[ESPECIFICAR]
[ESPECIFICAR]	[ESPECIFICAR]	[ESPECIFICAR]	[ESPECIFICAR]	[ESPECIFICAR]	[ESPECIFICAR]	[ESPECIFICAR]	[ESPECIFICAR]	[ESPECIFICAR]	[ESPECIFICAR]
[ESPECIFICAR]	[ESPECIFICAR]	[ESPECIFICAR]	[ESPECIFICAR]	[ESPECIFICAR]	[ESPECIFICAR]	[ESPECIFICAR]	[ESPECIFICAR]	[ESPECIFICAR]	[ESPECIFICAR]

Modelo de plantilla para medidas técnicas de corrección de incidencias

MODELO DE PLANTILLA PARA DOCUMENTAR MEDIDAS TÉCNICAS Y ORGANIZATIVAS DE CORRECCIÓN DE INCIDENCIAS O CIRCUNSTANCIAS NO PREVISTAS

REVISIONES DEL PLAN DE MONITORIZACIÓN					
Fecha	Escenario detectado	N.º	Medidas de control a adoptar	Fecha límite	Personal encargado

Modelo para documentar el contenido del informe de revisión del programa de *compliance*

MODELO PARA DOCUMENTAR EL CONTENIDO DEL INFORME DE REVISIÓN DEL PROGRAMA DE *COMPLIANCE*

INFORME DE REVISIÓN DEL PROGRAMA DE COMPLIANCE						
Fecha						
Responsable de la revisión						
Objetivos	Alcance	Metodología	Verificaciones efectuadas	Resultados	Conclusiones	Rating	Medidas a implementar

Modelo de plantilla para informar a la dirección de los resultados del plan de monitorización

MODELO DE PLANTILLA PARA INFORMAR A LA DIRECCIÓN DE LOS RESULTADOS DEL PLAN DE MONITORIZACIÓN

REVISIÓN PERIÓDICA DEL PLAN DE MONITORIZACIÓN N.º [ESPECIFICAR]	
[FECHA]	
Área supervisada	
Responsable de revisión	
Detalle de escenario detectado	
Detalle de control revisado	
Objetivo de la revisión	
Vicisitudes e incidencias acontecidas	
Evaluación de la revisión	
Conclusiones	

Modelo de plantilla para elaborar un plan de monitorización y documentar sus revisiones

MODELO DE PLANTILLA PARA ELABORAR UN PLAN DE MONITORIZACIÓN Y DOCUMENTAR SUS REVISIONES

PLAN DE MONITORIZACIÓN							
Revisión	Escenario de riesgo a monitorizar	Objetivo	Detalle de revisión	Periodicidad	Fecha de revisión	Responsable de la revisión	Próxima revisión